FRANZ-PETER HUDEK

EXTRA-TOUREN DEUTSCHLAND

auto motor und sport

Franz-Peter Hudek

Extra Touren Deutschland

Auto-Touren für Genießer

Motor buch Verlag

IMPRESSUM

Einbandgestaltung: Andreas Pflaum
Karten: auto motor und sport
Übersichtskarte Seite 7: Bernhard Spachmüller, Ingenieurbüro für Kartographie
Fotos: Archiv auto motor und sport

ISBN 3-613-01948-5

1. Auflage 1999

Lektorat: Joachim Kuch
Innengestaltung: Klaus Necker
Druck: Rung-Druck, 73033 Göppingen
Bindung: Nething, 73235 Weilheim/Teck
Printed in Germany

Reisen nach Lust und Laune: Zehn Auto-Touren in Deutschland

Autofahren. Zur Arbeit, zum Einkauf, zur Schule, in das Kino und in den Urlaub. Wege und Routen sind nahezu unbegrenzt, doch oft reine Pflichtübung, weil der Alltag die Ziele vorgibt.

Nicht so bei der Urlaubs-Reise. Hier kann der Fahrer frei bestimmen, wann es wohin gehen soll. Diese zeitlich begrenzte, aber umso intensiver empfundene Freiheit macht die Autoreise zum eindrücklichen Erlebnis, zum reinen Vergnügen. Daher ist das Auto nach wie vor das Urlaubs-Transportmittel Nummer eins, sei es der Mietwagen in Florida oder der eigene Wagen an der Nordsee.

Die Reihe Extra-Touren stellt einige jener Routen in Deutschland vor, auf denen das staufreie und lustbetonte Autofahren noch möglich ist. Das Buch enthält zehn Reportagen mit über 100 Fotos von der Nordsee bis in die Alpen. Zehn Reisen, die mit reizvollen Fahrzeugen vom Oldtimer bis zum Sportwagen unternommen wurden und damit das Lesevergnügen verdoppeln.

Zu jeder Tour gibt es eine Karte, Tips zu gemütlichen Hotels und empfehlenswerten Restaurants sowie eine Kurzbeschreibung des Reisefahrzeugs. Ladies and Gentlemen, start your engines.

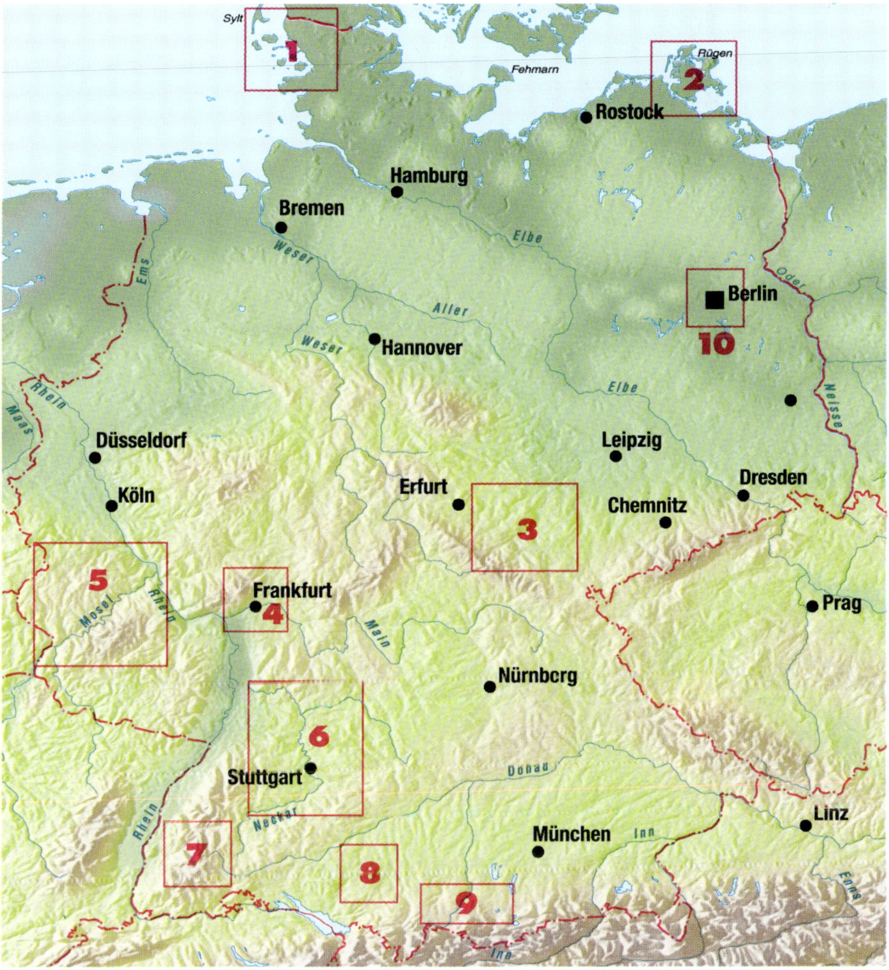

1 Nordsee
2 Rügen
3 Ostthüringen
4 Frankfurt
5 Mosel
6 Neckar
7 Schwarzwald
8 Oberschwäbische Barockstraße
9 Bayerische Königsschlösser
10 Berlin

Nordsee zwischen St. Peter-Ording und Sylt im Porsche Boxster

Im Winter verebbt an der friesischen Nordseeküste die sommerliche Touristenflut. Im Watt und auf den Stränden steigt damit der Pegel für Ruhe und Erholung.

In warmer Segelbekleidung trotzt der Porschefahrer den winterlichen Temperaturen an der Küste.

NORDSEE

Im Durchschnitt wird die Silbermöwe rund 60 Zentimeter lang und bevölkert hauptsächlich die Küsten des Nordatlantiks und der Nordsee. Vogelkundler klassifizieren die Art als Larus argentatus und sehen dem Federvieh zwecks genauerer Unterscheidung scharf auf die Füße: rot, grau, gelb oder grünlich? Eine Möwe mit Holzbeinen kommt in ihrem System nicht vor – und dennoch gibt es sie, wenn auch im Winter nur geschlossen. Der Pfahlbau mit dem Restaurantschild »Silbermöwe« steht vor St. Peter-Ording im sandigen Watt und versorgt im Sommer zahllose Touristen, die mit ihren Autos den Parkplatz zu Füßen der Möwe bevölkern, mit Kaffee und Kuchen. Jetzt, bei Temperaturen um null Grad, hat der Porsche Boxster den Platz für sich. Genau wie die Pfützen, die sandige, nach Salz riechende Flecken auf seinen Lack und in das Gesicht des Fahrers zaubern, während der kalte Wind an der Pudelmütze rupft.

Ein kleiner Schlenker mit dem Heck ist hier schon bei zartestem Leistungseinsatz

möglich, aber Vorsicht: Wer es übertreibt, staunt, wie schnell sich die Antriebsräder in den Sandboden graben. Pechvögel besonderen Kalibers müssen anschließende Bergungsarbeiten dann vom Boot aus beobachten: Der Parkplatz verwandelt sich bei Hochwasser in einen bis zu

Nur wenige sind geblieben; die Zeit der großen Krabbenkutterflotten ist vorbei.

Rote Ziegel und Reet auf dem Dach: So sieht ein nordfriesisches Bauernhaus aus.

drei Meter überfluteten Meeresboden.

Ein Strand im Winter ist Erholung für die Augen: Die Farbpalette setzt sich überwiegend aus Grau- und Beigetönen zusammen. Abwechslung bieten nur die Lenkdrachenbändiger mit ihren knallbunten Fluggeräten.

Daß Drachensteigen als nordische Disziplin nichts für kleine Kinder ist, demonstrieren die ganz Harten bei Windstärken ab sieben Beaufort, also rund 50 km/h. Voller Körpereinsatz ist nötig, damit das teure Gerät nicht auf dem harten Boden zerschellt oder sich losreißt und auf Nimmerwiedersehen davonfliegt. Sturmerprobte Drachenbändiger schnallen sich darum ihr Fluggerät an den Leib.

Immer beliebter werden auch kleine Buggys, die einen Drachen als Segel nutzen und dann mitsamt dem Fahrer über den Sand flitzen.

Der Hunger, der sich beim Spaziergang im ständig wehenden Wind eingestellt hat,

Im Strönwai, Kampens Shoppingmeile, gibt es mehr als Friesennerz und Gummistiefel.

läßt sich hervorragend im Restaurant des Roten Haubarg stillen. Gebratene Scholle mit einem Hauch Zitrone und Butterkartoffeln, dazu ein Tee, sind dafür wunderbar geeignet.

Rund zwei Kilometer südwestlich von Simonsberg liegt der Haubarg. Er soll vom Teufel in einer Nacht erbaut worden sein und ist nicht rot, sondern weiß. Seinen Namen bekam die ehemalige Scheune durch ihr einstmals rotes Ziegeldach. Mit diesem leuchtenden Signal demonstrierte der Bauherr des Haubarg im Jahr

Nur der Leuchtturm versperrt den Blick auf den Horizont.

1648 weithin sichtbar seinen Wohlstand. Ein Ziegeldach war im 17. Jahrhundert viel teurer als das übliche Reetdach. Heute beherbergt der Haubarg neben dem Restaurant eine Ausstellung, die das

Galionsfiguren hatten schon immer viel Holz vor der Hütte.

harte bäuerliche Leben der letzten 300 Jahre zeigt.

Hart war auch meist das Erwachen, wenn man nach einem Nickerchen in der Schule geweckt wurde. Ganz anders sieht es im Hotel Altes Gymnasium in Husum aus. Wie der Name vermuten läßt, diente das 1867 erbaute Haus zunächst als Schule. Erst 1994 begann der Umbau in ein Luxus-Hotel. Der frühere Verwendungszweck schim-

Ausflugs- und Angelkutter halten Winterschlaf im Hafen von Tönning.

mert aber noch an einigen Ecken durch, und ganz feine Nasen erschnuppern noch immer die süßliche Mischung aus Bohnerwachs und Kreide. Besonders reizvoll: Im ehemaligen Karzer des Gymnasiums ist jetzt die Bar untergebracht. Bei gutem Whiskey läßt sich dort wunderbar mit dem argentinischen Barkeeper Martin Dixon über das Leben eines gewissen Juan-Manuel Fangio fachsimpeln. Der Barmann mixt nicht nur klasse Drinks, er ist auch ein echter Fangio-Fan.

Außerdem lockt das Gymnasium mit großer Küche: Das Magazin »Feinschmekker« kürte das Haus zu einem der besten deutschen Fischrestaurants. Aber auch dem Labskaus genannten Fleisch-Gemüse-Mus, oft als Seemannsfraß geschmäht, gewinnt der Küchenchef lekkere Seiten ab.

In der Wasserreihe, einer schmalen Straße am Husumer Hafen, betreibt Flohi von

Antiquitäten findet man entlang der Küste an fast jeder Ecke.

Husum sein Tabakmuseum. Ein System in der Ausstellung, die alles zeigt, was auch nur entfernt mit dem Rauchen zu tun hat, scheint es nicht zu geben. Nebenbei sind jede Menge Exponate zu bewundern, die gar keinen Bezug zum Tabak haben, beispielsweise Orden aus dem letzten

Flohi von Husum: Geschichtenerzähler und Betreiber des Tabakmuseums.

Jahrhundert oder Modelleisenbahnen.

Flohi, eigentlich Helmut Felix Schwermer, hat nach eigener Aussage in 35 Berufen gearbeitet und einige hundert Geschichten und Anekdoten auf Lager. Kleine Kostprobe: »Mein letzter Beruf war der beste, immer an der frischen Luft, immer tolle Frauen um mich rum, 300 Mark am Tag und immer gute Musik dabei.« Er war Leierkastenmann.

Es geht weiter über das platte Marschland Richtung Niebüll. Die Sitzheizung des Porsche-Roadsters bewahrt dabei vor allzugroßen Frostbeulen, denn jetzt das Dach zu schließen käme einem Sakrileg gleich – das Meer riecht einfach zu gut, würzig und etwas brackig, nach Seetang, Tauwerk und fernen Welten.

Verwöhnt wird die Nase auch im Hof Ester-Dora, einem Bauernhaus gleich rechts neben der Straße von Dagebüll nach Niebüll. Aber mehr noch als der Geruchssinn wird hier der Gaumen angesprochen. Die Chefin Hella Palm kocht sozusagen auf hohem Niveau. Von Schürzen und Kitteln als Arbeitskleidung hält sie nichts; Frau Palm kocht in Abendgarderobe. »Das gehört für mich einfach dazu und spornt meinen Ehrgeiz an«, sagt sie, während sie die Pfanne schwingt. Und sie schafft es dabei, makellos frei von Fettspritzern zu bleiben.

Für die Weiterreise nach Sylt bieten sich zwei Möglichkeiten. Eine führt durch Dänemark und ein Stück über die See: mit der Auto-Fähre von der dänischen Insel Rømø nach List auf Sylt. Die einfachere und bei Seegang magenfreundlichere Variante bietet der Autoreisezug, der von Niebüll nach Westerland fährt. Auf dem Zug sollte das Boxster-Dach geschlossen werden, die Bahn befährt die Strecke nämlich immer noch mit qualmenden Dieselloks.

Wer auf Sylt Ruhe sucht, findet sie im Listland genannten Norden der Insel. Während auf dem flachen Festland meist der Deich die höchste Erhebung darstellt, bietet der Insel-Norden mit seinen hohen, vom Strandhafer begrünten Dünen einen interessanten Kontrast. Auch wenn die Sandberge zum Klettern anregen, es ist streng verboten: Dünenschutz ist Küstenschutz.

Spaziergänge im losen Sand machen besonders hungrig und wecken Sehn-

In Husum wacht Theodor Storm über seine Stadt.

Das Theodor-Storm-Haus war in Husum leichter zu finden als ein Parkplatz.

süchte nach dem Süden. Dagegen läßt sich in Pippo's Casa Bianca, einer guten italienischen Adresse in Westerland, etwas tun: Auch an der Nordsee muß es nicht immer Fisch sein, obwohl die Möwen davon nicht genug kriegen können.

Christian Bangemann

Porsche Boxster
Im Herbst 1996 wurde der Mittelmotor-Sportwagen mit 204 PS starkem 2,5 Liter-Sechszylinder-Boxer vorgestellt. Daß der Roadster so fantastisch mit der friesischen Nordseeküste harmoniert, liegt an seiner Form: Sie erinnert an eine riesige Muschel.

>>>

Nur die Ruhe: Tips für die nordfriesische Küste

Kräftiger Wind oder Sturm gehören zum **Winterwetter** der Nordseeküste wie das Wasser zum Watt. Winddichte und regenfeste Bekleidung ist daher für diese Reisezeit ein Muß.

Die **Anreise** erfolgt von Süden über die A 7 oder die A 1 bis Hamburg und von dort weiter über die A 23 bis Heide. Hinter Heide geht es auf der B 5 Richtung Tönning und von dort auf der B 202 Richtung Westen, bis an den Ausgangspunkt der Tour nach St. Peter-Ording.

Touristisch ist die Nordseeküste voll erschlossen, so stehen **Übernachtungsmöglichkeiten** in allen Preisklassen zur Verfügung. Beispielsweise in St. Peter-Ording im Hotel Landhaus an de Dün (Doppelzimmer ab 145 Mark), in Husum im Hotel Altes Gymnasium (Doppelzimmer ab 210 Mark), in Niebüll im Hotel Bossen (Doppelzimmer ab 145 Mark) und in Westerland im Hotel Westfalen (Doppelzimmer ab 160 Mark).

Wer an der Küste unterwegs ist, sollte Fisch, Muscheln und Krebse mögen. Die **lokale Küche** bietet Fischgerichte auf hohem Niveau, für die Frische der Tiere bürgen Fanggebiete, die praktisch vor der Tür liegen. Neben Meerestieren gehört auch Grünkohl mit Schweinebacke, Kassler, Kochwurst und kleinen Kartoffeln zu den Spezialitäten Norddeutschlands.

Die größte **Sehenswürdigkeit** der Region liegt hinter dem Deich: die Nordsee. In St. Peter-Ording kann man (noch) mit dem Auto auf den Strand fahren und um die Pfahlbauten herumlaufen. Ein Beispiel für die bäuerliche Architektur Frieslands bietet der Rote Haubarg nahe

Simonsberg. Husum lockt die Touristen auch im Winter in seine fünf Museen, Öffnungszeiten beim Nordseebäderverband unter Telefon 04841/89750. Hohe Sanddünen am Lister Ellenbogen stellen auf Sylt einen Kontrast zum Festland dar.

Zum **Fitneß-**Programm an der Nordseeküste gehören: Fahrradtouren bei Windstärke sechs, Jogging an fast menschenleeren Stränden und ausgiebiges Lenkdrachenfliegen.

Reiseführer bieten beispielsweise der ADAC (Special Nordsee für 14,80 Mark) oder Marco Polo (Nordseeküste Schleswig Holstein für 12,80 Mark). Informationen zum Autoreisezug (135 Mark hin und zurück) unter Telefon 04661/718, die Abfahrtszeiten der Autofähre (88 Mark hin und zurück) unter Telefon 04651/870475.

Insel Rügen im alten Wartburg-Cabrio

Die Insel Rügen mit ihrem Traditionsbadeort Binz wandelte sich vom Künstlerfluchtpunkt zur Sommerferieninsel für jedermann. Eine Tour im alten Wartburg-Cabrio weckt Erinnerungen an die einstige DDR.

Die neue Selliner Seebrücke erinnert an den Glanz alter Tage.

RÜGEN

Der knallrote Imbißstand in Sassnitz kann seine Herkunft als Container kaum verleugnen. Er paßt irgendwie zum benachbarten Fischerhafen, dessen bunt lackierte Kutter mitsamt den an Land gestapelten Fischfang-Gerätschaften eine rauhe Professiona-

Mehr als eine Postkarten-Idylle: Im Sassnitzer Hafen herrscht reger Ausflugs- und Fischereibetrieb.

lität zeigen – rauh wie die sonnengegerbten Hände der Fischer, die gerade ein Boot klarmachen: Sie verladen Netze, Taue, Plastikwannen

Die wenigen, nach der Wende noch gebliebenen Rügen-Fischer halten ihre Boote in Schuß.

und Bojen mit langen Stangen, an denen rote und schwarze Fähnchen flattern.

Obwohl unweit des Hafens eine hübsche, renovierte Häuserzeile mit einem adretten Restaurant lockt, bietet der Stehtisch im halben Windschatten des Imbiß-Containers deutlich mehr

Das Armaturenbrett des Wartburg ist bemaltes Blech und täuscht das Holz nur vor.

Atmosphäre. Das schwere Fischfilet, dazu Fritten mit reichlich Mayo, hindert den Pappteller zunächst am Davonfliegen. Es riecht nach Meer, Teer und Küchenfett.

Ein rotes Wartburg Cabrio mit braunem Dach hoppelt die Pflasterstraße zum Hafen herab und parkt bei den Schiffen. Die hellbeige Schiebermütze und eine schwarze Lederweste über dem buntkarierten Hemd weisen den älteren, kräftig gebauten Wartburg-Fahrer als Mann der Tat aus. Er heißt Siegfried Kampmann.

Waren es früher Komponisten, Schriftsteller und Maler wie Johannes Brahms, Gerhart Hauptmann und Caspar David Friedrich, die auf Rügen Ruhe und Inspiration fanden, sind es heute eher die gewöhnlichen Leute wie Siegfried Kampmann. Er betreibt auf dem mecklenburgisch-vorpommerschen Fest-

land in Wolgast-Mahlzow seit nunmehr 33 Jahren eine Autosattlerei.

Heute wie damals zieht Rügen mit der unvergleichlichen Mischung aus Sandstrand, Steilküste, Alleen, Weizenfeldern, Hinkelsteinen und Schinkel-Architektur die Besucher in ihren Bann. Allerdings ist es mit der einstigen Inselruhe stellenweise vorbei. Denn alle vom eingeschränkten Warenangebot zu DDR-Zeiten befreiten Rügener haben sich, so scheint es, als erstes ein Auto gekauft. Entsprechend eng ist es auf Rügens Straßen und Alleen geworden. Von morgens um sieben bis zum Sonnenuntergang reiht sich auf den Verbindungsrouten zwischen Stralsund, Bergen, Sassnitz und Göhren Auto an Auto.

Siegfried Kampmann und sein Wartburg-Cabrio sind auf Rügen auch heute noch flott unterwegs.

Rügens Wahrzeichen ist der Kap-Arkona-Leuchtturm.

Daß Kampmann und sein Wartburg auch abseits der Hauptstraßen kaum Ruhe findet, ist dagegen selbstverschuldet: Sein rotes Cabrio erregt auf Rügen soviel Aufsehen wie einst Marilyn Monroe unter den GIs in Korea – und das nicht, weil der Dreizylinder-Zweitaktmotor so schön quengelt und dengelt und das Holzmuster am Armaturenbrett nur aufgemalt ist. Es sind wohl die mit dem Auto verbundenen Erinnerungen an die DDR-Zeit, die nicht immer die schlechteste war. »Mensch, so ein tolles Cabrio hatte doch auch der Onkel Rudi. Was der wohl heute macht?« tönt eine Frauen-Stimme aus jener Gruppe der Auto-Bewunderer im Hafen.

Der Wind hat sich etwas gelegt, und pünktlich zu den Kutterfahrten am frühen Nachmittag durchbricht die Sonne die vorbeifliegenden grauen und weißen Wolkenbänder. Während die ersten Passagiere an Bord der Alexander klettern, die in Kürze zu einer Kreidefelsen-Fahrt auslaufen wird, erzählt Kapitän Reinhard Brauns, daß von einst 135 Sassnitzer Fischkuttern nach der Wende nur noch zwei Dutzend übrig geblieben seien.

»Mein Vater fuhr schon zur See, und mein Sohn soll mal die Alexander übernehmen, aber so einfach wie früher ist das alles heute nicht mehr«, sagt Kapitän Brauns. Kampmann geht nicht mit an Bord.

Er kennt den gemütlichen Bootstrip entlang der Kreidefelsen, die auch zu Fuß zu erreichen sind: einmal von Sassnitz aus auf dem steinigen Uferweg oder von oben herab über die Holztreppen im Nationalpark Jasmund.

In dessen beinahe tropisch anmutenden und am Abend recht einsamen Laubwäldern scheint jeden Moment Tarzan an einer Liane vorbeizurauschen. Ein martialischer Stahl-Wachturm auf der Felsklippe – Mahnmal für alle eingesperrten und erschosse-

Zwischen Putbus und dem Ostseebad Göhren verkehrt die Rügensche Kleinbahn.

nen DDR-Flüchtlinge – zerschlägt jedoch die Dschungel-Phantasie.

Kampmann und sein rotes Cabrio setzen ihre Inseltour fort. Auf dem Weg zum Kap Arkona, Rügens nördlichster Ecke, erzählt der Autosattler von seinem früheren Arbeitsalltag. Mit sechs Angestellten renovierte er abgenutzte Innenräume alter Funktionärslimousinen. »Die Wolga, Wartburg und Moskwitsch wurden in ihrem Autoleben drei bis viermal neu aufgebaut – Technik, Karosserie und Innenraum«, sagt Kampmann. Gemessen an der dabei investierten Arbeit sei schließlich jedes dieser Autos so wertvoll wie ein neuer Rolls-Royce gewesen.

Die Wende brachte das Ende für Kampmanns Betrieb. Heute arbeitet der Auto-

Auch vor dem Schloßhotel Spyker macht der Wartburg Eindruck.

sattler vor allem für Wassersportler und restauriert Oldtimer. Angestellte hat er keine mehr.

Das Wartburg-Cabrio steuert den neuen großen Parkplatz von Putgarten an. Von hier aus geht es zu Fuß, mit dem Leih-Fahrrad oder mit der Arkona-Bahn hinaus an das Kap, das mit beschaulichen Attraktionen erstaunlich viel Besucher anlockt: drei begehbare Leuchttürme, darunter der würfelförmige Bau des Klassizismus-Architekten Karl Friedrich Schinkel; die Erdwälle der Jaromarsburg, in der die Slawen noch im zwöften Jahrhundert den düsteren, vielgesichtigen Kriegs- und Erdgöttern huldigten; und das alte, versteckt gelegene Fischerdörfchen Vitt mit seinen riedgedeckten Häusern und der achteckigen Kirche.

Auf dem Weg zur Wittower Fähre und von dort über Trent zurück zu Rügens schillernder Bäder-Ostküste, durchfährt Kampmann im Cabrio

Wartburg Cabrio Typ 311-2
Von 1956 bis 1959 baute das VEB Automobilwerk Eisenach das hübsche Cabrio mit Dreizylinder-Zweitaktmotor. Der Motor mit 900 cm³ Hubraum leistet 37 PS bei 4000/min. Der 4,3 Meter lange und eine Tonne schwere Wagen fährt maximal 115 km/h und kostete 16 370 Ostmark.

einsame Ebenen, sieht in Staub gehüllte Mähdrescher beim Ernteeinsatz und rollt über kilometerlange, schnurgerade Alleen. Verblüffend, wie die Insel Rügen sich im Kernland, nur wenige Fahrminuten von der Küste entfernt, in ein üppiges, parkähnliches Agrarland verwandelt.

Ein richtiger Schloßpark, den die kleine Straße nach Neukamp durchquert, gehört dagegen zur Residenz Putbus. Zwischen 1808 und 1823 ließ Fürst Wilhelm Malte zu Putbus die einzigartige Klassizismus-Plan-

Rügens tunnelartige Alleen sind schattige Pisten für coole Cabrios.

stadt errichten, deren weiße Hof- und Verwaltungsgebäude ringförmig um einen großen Platz mit Obelisken gruppiert sind. Das Theater und der Marstall blieben erhalten, das Schloß am Schwanenteich wurde jedoch 1960 abgerissen.

Heut reißt auf Rügen niemand mehr Schlösser oder Häuser ab. Im Gegenteil: In den Badeorten Sellin und Binz leuchten die alten Pen-

sionen und Cafés mit ihren flachen Giebeln und den verspielten Holzveranden wieder in frischem Weiß.

Wenn dann noch Kampmanns rotes Wartburg-Cabrio vor dem Eingang parkt, kommt es den meisten Rügen-Urlaubern wie im Märchen vor. Es fehlt nur noch Rotkäppchen. Denn auch die legendäre Sektmarke hat die Wende überlebt.

Franz-Peter Hudek

>>>

Deutschlands größte Insel: Tips für Rügen Trip

Die Vielfalt an **Hotels und Pensionen** ist groß. Modern, niveauvoll und inselzentral gelegen: Treff Hotel in Bergen (Doppelzimmer mit Frühstück ab 200 Mark).
Verträumt, elegant und preiswert: Schloßhotel Spyker (100 Mark).
Oldtimer willkommen, dazu große Zimmer: Motel Lietzow (135 Mark). Und viel Traditionshäuser im alten Bäderstil wie das Hotel-Restaurant Deutsche Flagge in Binz (120 Mark).
Info-Tel. 03838/254440.

Das Restaurant Nautilus lockt mit antiker U-Boot-Atmosphäre

Rügens **Küche** wird vom Fisch bestimmt. Aal, Zander, Dorsch und Hecht sind oft zusammen mit Käse, Zwiebeln und sogar Paprika zu wohlschmeckenden Aufläufen oder Fischtöpfen kombiniert, dazu Bratkartoffeln. Zu empfehlen: das traditionelle Haus Schwanebeck in Binz oder das spektakuläre Nautilus in Neukamp, eingerichtet wie das phantastische U-Boot von Kapitän Nemo.

Neben den berühmten Kreidefelsen bietet Rügen auch kulturelle **Sehenswürdigkeiten:** Hünengräber mit bis zu 15 Tonnen schweren Steinen aus prähistorischer Zeit, romanische und gotische Backsteinkirchen (Altenkirchen, Bergen), vom preußischen Klassizismus geprägte Landhäuser und Schlösser wie das Jagdschloß Granitz und die Residenzstadt Putbus. Oldtimer-Fans freuen sich an den Schmalspur-Dampfloks der Rügenschen Kleinbahn und auf das alljährlich im Mai stattfindende Oldtimertreffen der Rügen-classics – mit dem roten Wartburg-Cabrio von Siegfried Kampmann.

Rügen ist Thema vieler **Reiseführer und Karten.** Baedeker (24,80 Mark) bietet die meisten Informationen, die Bändchen von Polyglott und Marco Polo (je 12,80 Mark) reichen für den ersten Insel-Trip aus. Merian Live Rügen (14,80 Mark) bringt viele Insider-Tips, ist aber durch die Themen-Anordnung nach Landschaften im Gebrauch etwas umständlich.
Hilfreich für Radfahrer und Wanderer: Erlebnisurlaub Rügen von Kompass Freizeit (14,80 Mark). Dazu die informative Allianz. Freizeitkarte Nr. 50 (im Mairs-Verlag, 9,80 Mark).

Mit Prinz Reuß und dessen Austin Healey unterwegs in Ostthüringen

Vor dem Sommerpalais in Greiz parkt ein Stoewer Sportphaeton aus ehemals fürstlichem Besitz.

Heinrich XIII. Prinz Reuß, Erbe einer 800jährigen Fürstentradition, besucht in Ostthüringen die einstigen Besitzungen seiner Familie. Erinnerungen an eine verlorengegangene Epoche begleiten seine Reise im Austin-Healey zu Burgen, Schlössern und Residenzen.

Der Prinz ist eine klassische Literatur-Figur. Steht sie im Märchen noch auf der Sonnenseite des fiktiven Lebens, so wird dem Prinzen in der Tragödie oder im richtigen Leben des 20. Jahrhunderts bisweilen böse mitgespielt: Sein Anspruch auf ein Fürstentum oder Königreich erfüllt sich nicht. Genau das verbindet Prinz Reuß mit Hamlet, dem Prinzen von Dänemark. Mehr aber auch nicht.

Denn über das Herbstlaub des Parks von Ebersdorf spaziert ein weltoffener und unkomplizierter Vierziger im Outfit eines Londoner Aston Martin-Händlers: die Farben zwar ländlich-sportlich, doch mit Sakko, Krawatte und Weste überaus korrekt gekleidet.

Prinz Reuß liebt die kernige Ehrlichkeit des britischen Roadsters – auch wenn Regen droht.

Die 50 Hektar große Parkanlage von Ebersdorf ist die erste Station einer denkwürdigen Autoreise, die Heinrich XIII. Prinz Reuß an die Orte seiner Familie zurückführt. Bis zur Maueröffnung im Jahre 1989 kannte er die reußischen Besitzungen nur von Bildern und Erzählungen. »Meine Eltern sind gleich nach Krieg und Enteignung in den Westen geflüchtet«, erklärt der in Büdingen bei Frankfurt geborene Adelige. Hinzu kam, daß bis zur Wende die Mitglieder der reußischen Familie nicht in die DDR einreisen durften.

Während des Parkspazierganges vom Teepavillon zu dem von Ernst Barlach gestalteten Grabmahl des letzten regierenden Reußen-Fürsten Heinrich XXVII. erzählt dessen Enkel die düstere Geschichte über die letzten Tage von Schloß Ebersdorf: »Die Russen haben 1945 meinen Großonkel verschleppt und wahrscheinlich umgebracht. Er ist einfach

Lobenstein leuchtet: blitzsauber renovierte Altstadt und Alter Turm

verschwunden.« Die Einrichtung des Schlosses wurde daraufhin zerstört.

Der in seine Heimat zurückgekehrte Immobilien-

Die Orangerie in Gera lockt mit barocker Pracht.

kaufmann aus Frankfurt erzählt dies ohne Verbitterung. Seine Anwesenheit und diese Reise durch Ostthüringen soll keine Abrechnung mit der Vergangenheit werden, sondern Zeichen für die Zukunft setzen: »Viele Menschen, die ich hier gesprochen habe, halten es für richtig, die reußische Tradition wiederaufleben zu lassen.«

So soll zum Beispiel der regionale Tourismus durch die wiederentdeckte reußische Landesgeschichte und deren steinerne Zeitzeugen belebt werden. »Leider sind

Ein ruhiger Winkel im prunkvoll eingerichteten Schloß Burgk.

Das Teehaus im Park von Ebersdorf ließ Fürst Reuß Heinrich XXVII. errichten.

unsere schönsten Schlösser in Schleiz und Gera mitsamt dem Familienarchiv durch Fliegerbomben zerstört worden«, schränkt der adelige Reiseführer ein, »aber es gibt dennoch ein paar schöne reußische Plätze und Orte, die es sich zu besuchen lohnt.«

Auch das Fahrzeug, in dem Prinz Reuß durch Ostthüringen reist, unterstreicht den Charakter einer Vergnügungsreise. »Der Austin-Healey war für mich schon immer der Inbegriff eines Automobils, das mit urwüchsiger Direktheit die Straße unter seine vier Räder nimmt«, erklärt der Oldtimer-Fan.

Schloß Burgk besitzt eine der größten Küchenanlagen Europas mit schwindelerregend hohem Kamin.

Der Turm mit verspieltem Fachwerk-Aufbau ist das Wahrzeichen von Schloß Burgk.

Einziger Schwachpunkt jener Leidenschaft: »Der Motor könnte etwas kräftiger sein, da ist man heute mit den modernen Autos schon arg verwöhnt.«

Mit röhrendem Sechszylinder-Sound verläßt Prinz Reuß den Parkplatz hinter dem Ebersdorfer Schloß, das seit 1948 ein Pflegeheim für Kranke, Alte und Behinderte

ist und einen verbrauchten Eindruck macht.

Auf den ersten Blick gilt das gleiche für Schloß Burgk. Zumindest die äußeren Befestigungsanlagen mit dem Fachwerk-Rundturm des über der Saale gelegenen Jagd- und Sommerschlosses verlangen nach einer Grundsanierung, die in einigen Bereichen bereits im Gange ist.

Die aufgestaute Saale wirkt wie ein unberührter See mit Insel.

Als lokale Gastronomie-Spezialität kreierte Prinz Reuß einen Sekt gleichen Namens.

Das vormals wehrhaft unkomfortable Burginnere, im Laufe der Jahrhunderte zu einem luxuriösem Lustschloß umgebaut, glänzt dagegen in frischer Pracht. Hier gibt es unter vielen anderen Glanzpunkten die Schloßküche mit dem größten offenen Kamin Deutschlands und ein Barock-Schlafzimmer mit zahlreichen pikanten Miniaturen aus dem Themenfeld der griechischen Mythologie.

Timm Luckhardt, Museumschef von Schloß Burgk, dessen großes, mit Eisenblech verkleidetes Haupttor gerade einen neuen Anstrich erhält: »Früher verwandte man Pech als Rostschutz. Doch da würden im Sommer die Besucher wie Fliegen dran kleben.« Hört der erstaunte Gast.

Luckhardt kann auch die Frage beantworten, warum so viele Reußen-Fürsten Heinrich heißen: »Alle männlichen Mitglieder der Reußen-Familie tragen seit dem 12. Jahrhundert diesen Vornamen. Damals erhielt Vogt Heinrich, Stammvater aller Reußen, den Beinamen ‚Reuß', weil er eine russische Prinzessin ehelichte.« Man würde jedoch in jedem Jahrhundert mit der Zählung wieder bei eins anfangen.

Die Stunde eins scheint auch in Greiz geschlagen zu haben. Prinz Reuß und sein Austin-Healey quälen sich durch den dichten Berufsverkehr. Sie bleiben zwischen den unscheinbaren Vectra, Golf und Corolla nicht unbemerkt und erwecken bei den Passanten ein oft ungläubiges Staunen. Eine neue Brücke ist über das Flüßchen Weiße Elster geschlagen, Häuser und ganze Straßenzüge sind neu renoviert. Greiz machte nach kalten DDR-Zeiten Frühjahrsputz.

Schon immer ein Juwel waren jedoch der Greizer Park und das Sommerpalais, das seit Jahren eine hochkarätige Sammlung europäischer Cartoonisten beherbergt. Hier verbrachten die Reußen den Sommer, während im alten Oberen Schloß mit den hübschen Renaissance-Giebeln die Staatsverwaltung untergebracht war.

Vor dem Greizer Sommerpalais trifft der Prinz im Healey auf ein ganz besonderes Stück reußischer Familiengeschichte: Joachim Möckel brachte den himmelblauen Stoewer Type P 20 Repräsentant mit, ein sportliches viersitziges Cabrio, das von

Gera heißt das Motorschiff, das von Saalfeld aus zu einsamen Rundfahrten startet.

einem fünf Liter großen und 100 PS starken Achtzylinder angetrieben wird.

Das hervorragend erhalten gebliebene Automobil diente nach der Enteignung der Fürstenfamilie lange Zeit als kommunales Feuerwehrauto und erweckt bei dem angereisten Prinzen das allergrößte Interesse. Denn das blaue Blut von Heinrich XIII. Prinz Reuß, Diplomingenieur für Fahrzeugtechnik und einstiger Hobby-Rennfahrer, besitzt einen recht hohen Benzin-Anteil.

Von der Residenzstadt Greiz führt die Reise nach Gera weiter. Der Healey schwimmt im Feierabendverkehr zunächst auf vierspuri-

Allee und Straße dritter Ordnung: Fahren wie vor dem Krieg.

gen Stadt-Highways zügig mit, überquert dann den Fluß und quält sich auf einer schmalen, schlaglochübersäten Pflasterstraße auf das Areal von Schloß Osterstein hoch. Ein Torhaus wird durchquert, und der Healey parkt in einem baufällig wirkenden Hof, umgeben von älterem pflegebedürftigem

Vollblut-Roadster:
Austin Healey 3000 Mk 3
Ein bulliger Dreiliter-Sechszylindermotor mit 150 PS verhilft dem nur 1100 Kilogramm leichten Cabrio zu ansehnlichen Fahrleistungen: Beschleunigung 0–100 km/h in zehn Sekunden, Höchstgeschwindigkeit 195 km/h. Mehr noch als die nackten Zahlen beeindrucken heute der Sound und das Durchzugsvermögen der großvolumigen Maschine.
Der von 1956 bis 1968 in verschiedenen Motorversionen gebaute Sportwagen kostete zuletzt rund 17 000 Mark.

Gemäuer und einem jüngeren gesichtslosen Mietshaus.

Hier wohnt Woizlawa Feodora Prinzessin Reuß, die Mutter des reisenden Prinzen. Sie erlebte im Keller des Schlosses die Bombardierung von 1945 und ist 46 Jahre danach in das einstige, noch erhalten gebliebene Haus der Schloßbediensteten zurück-

Eine Runde auf dem Schleizer-Dreieck ist für Rennsportfan Prinz Reuß reine Ehrensache.

gekehrt, wo sie eine Wohnung hat. »Hier ist meine Heimat«, sagt sie, »hier wohne ich den Winter über, besuche Freunde und die schönen Konzerte und Aufführungen des Geraer Theaters.«

»Das von Heinrich XXVII. errichtete Jugendstil-Theater versinnbildlicht sozusagen das große Kunst-Interesse der letzten in Ostthüringen wohnenden Reußen. Speziell Großonkel Heinrich VLV. pflegte regen Umgang mit Literaten und Künstlern wie Carl Zuckmayer, Bertolt Brecht und Ernst Barlach.

Damals begann regelmäßig auf der Kuppel des Geraer Theaters beim Schluß-Applaus ein grünes Licht zu leuchten. »So wußten die Bediensteten auf dem Schloßberg«, erzählt Prinz Reuß, »daß man für meinen Großonkel und seine Künstler-Gäste den Tee anrichten konnte.« Heute kocht Prinzessin Woizlawa Feodora ihren Tee in der Bedienstetenwohnung selbst.

Doch für Heinrich XIII. Prinz Reuß ist dadurch wenigstens ein Anfang gemacht: »Meine Familie und ich werden eines Tages nach Ostthüringen zurückkehren.«

Franz-Peter Hudek

<<<

Entdeckungsreise: Tips für Ostthüringen-Fahrt

Eine schnelle **Anreise** nach Ostthüringen mit dem Auto ermöglichen die beiden Autobahnen A 9 (München–Berlin) und A 4 (Dortmund–Bautzen). Wer aus dem Südwesten Deutschlands anreist, sollte die Autobahn über Würzburg und Bamberg wählen und den Großraum Nürnberg umfahren. Die Verkehrssituation vor Ort ist zum Teil kritisch. Vor allem kleinere Städte wie Greiz oder Schleiz leiden unter dem seit der Wende angestiegenen Verkehrsaufkommen und vielen Straßen-Baustellen. Dafür entschädigen die kleinen Nebenstraßen, die schmal und kurvenreich über Steinbrücken und durch einsame Dörfer führen.

Rund 30 Prozent unter dem Bundesdurchschnitt liegen die Preise für **Übernachtungen** und Gastronomie in Ostthüringen. In neu eingerichteten Mittelklasse-Gasthöfen wie dem traditionsreichen Reußischen Hof in Lobenstein kosten Übernachtung und Frühstück pro Person 60 Mark, in kleineren Pensionen oder Privatunterkünften kommen Frühstück und Übernachtung dagegen durchschnittlich nur etwa 30 Mark. Für internationalen Spitzenstandard, wie ihn das Maritim-Hotel in Gera bietet, sind pro Nacht und Person 175 Mark, an Wochenenden jedoch nur 100 Mark zu entrichten.

Zu den wichtigsten **Sehenswürdigkeiten** in Ostthüringen gehören die Burgen und Schlösser aus ehemals reußischem Besitz.
Als Museen sind geöffnet: Schloß Burgk, Sommerpalais in Greiz, Osterburg in Weida, Orangerie in Gera. Alle dazugehörenden Parkanlagen sowie der fürstliche Park in Ebersdorf mit Teepavillon und Barlach-Grabmal sind frei zugänglich.

In Gera befindet sich auch das neu renovierte Geburtshaus des Malers Otto Dix, das neben einigen Werken des Künstlers auch eine Dokumentation zu dessen Leben beinhaltet.
Die bei Schleiz gelegene gotische Bergkirche besitzt ein prunkvolles Barock-Interieur. Öffnungszeiten und Informationen unter Tel. 0365/26433.
Den südlichen, ländlicheren Teil Ostthüringens bildet ein variantenreiches Wandergebiet mit präziser Ausschilderung.

Das Theater in Gera, in dem die Schauspieler-Legenden Will Quadflieg und Bernhard Minetti und auch Komödienstar Georg Thomalla debütierten, bietet ein umfangreiches **Kultur- und Musikprogramm.** Das 71 Musiker umfassende philharmonische Orchester spielt bei Konzerten und Opern-Aufführungen.
Außerdem finden stimmungsvolle Kammer-Konzerte im Rittersaal von Schloß Burgk und in der Orangerie zu Gera statt.
In Bad Köstritz wurde 1585 der Komponist Heinrich Schütz geboren, der als erster deutscher Musiker europaweit und sehr erfolgreich tätig war. Schütz komponierte auch die erste deutsche Oper »Daphne«. Ein Museum zeigt Leben und Wirken des Komponisten.

Seit 1923 gibt es **Auto- und Motorradrennen** rund um das Schleizer Dreieck. Die Rennstrecke ist einer der wenigen aus der Frühzeit des Rennsports verbliebenen Straßenkurse, über die an rennfreien Tagen der normale Straßenverkehr rollt. Daher kann und sollte jeder Besucher von Schleiz die eine oder andere Proberunde darauf fahren. Auf der überaus schnellen Strecke werden jedoch nur noch Motorradrennen ausgetragen.

Empfehlenswerte Thüringen-**Bücher und Bildbände:** HB-Bildatlas Nr. 94 (16,80 Mark), Falk Reisen 19 (16,80 Mark, beide Fotobände mit guten Straßenkarten), Marco Polo-Führer Thüringen (12,80 Mark), Kunst-Reiseführer Thüringen (Dumont, 44 Mark).

Dazu gibt es eine Vielzahl lokaler Karten und Broschüren sowie einen informativen Farbprospekt über die Reußische Fürstenstraße unter Tel. 0365/8310126.

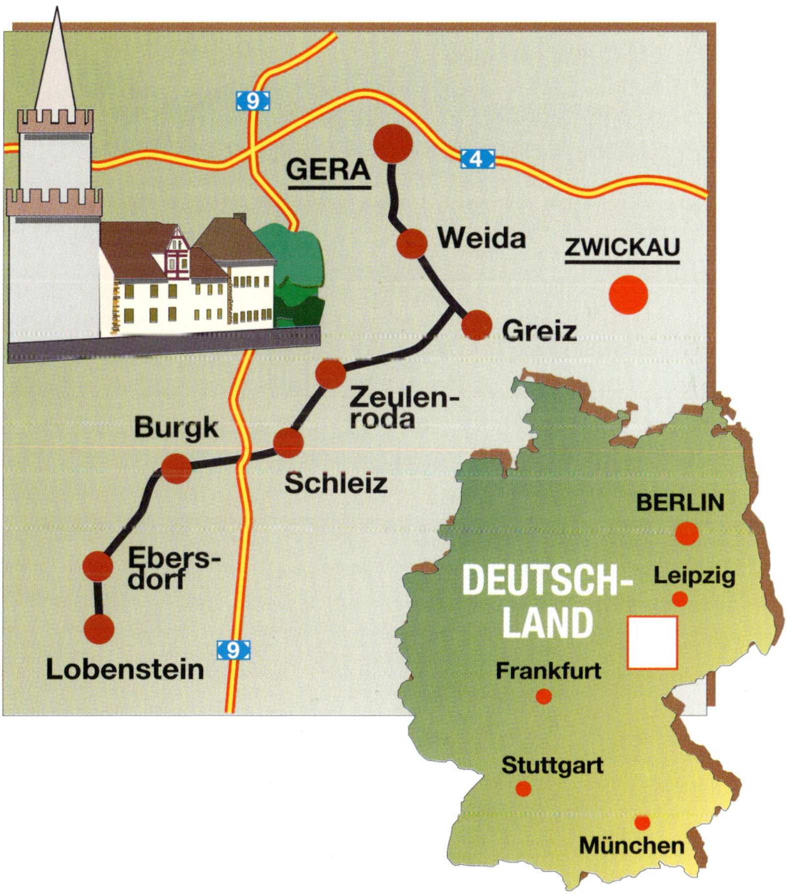

Ein Tag in Frankfurt mit dem Mercedes SLK

Zwischen Hochhäusern und Hochfinanz glänzt Frankfurt im Chrom einer Welt-Metropole.

Frankfurter Hof:
Ein schneller Blick auf
eine der vornehmsten
Herbergen der Main-
Metropole. In diesem
Hotel hält Frankfurt hof.

Guten Morgen, Frankfurt. Es ist acht Uhr. Die Sonne scheint, tagsüber werden sich da und dort Quellwolken bilden, die über dem Odenwald Wärmegewitter bringen. Der Dollar ist um einskommasechs Pfennig gefallen. Auf dem Messegelände bereitet man sich darauf vor, daß die IAA, die größte Automobilausstellung der Welt, ihre Pforten öffnet.

In den Cafés wird Frühstück bereitet. Der feine Duft von Kaffee und frischen Brötchen macht Appetit. Um diese Zeit ist für Frankfurt-Besucher das Café Laumer (Bockenheimer Landstraße 67) die beste Adresse. Das Kaffeehaus der Frankfurter

Westend, Café Laumer: Wie wär's mit Frühstück in der gelassenen und angenehmen Atmosphäre dieses traditionsreichen Kaffeehauses?

Honoratioren strahlt von außen und innen Tradition aus. Schon Adorno und Horkheimer saßen seinerzeit hier und genossen das stilvolle Ambiente. Das ist auch im Café Wacker (Mittelweg 47) prächtig: Es gleicht einer guten Stube des Art déco. Wer es lauschig mag, nimmt das Frühstück draußen im Hintergarten ein.

Erst mal gesättigt, kann sich der Frankfurt-Besucher auf die Stadt einlassen; möglichst ohne Vorbehalte soll er in sie hineinlaufen. Ein wenig gehen, ein bißchen gucken, Geräusche und Gerüche aufnehmen. Frankfurt ist eher eine Stadt zum Entdecken als zum Besichtigen.

Bester Ausgangspunkt für einen solchen Spaziergang ist die Alte Oper (Opernplatz). Rudi Arndt, der erste Nachkriegs-Oberbürgermeister, wollte das 1944 ausgebombte Opernhaus nicht wieder aufbauen. Lieber gebe er Geld aus für Dynamit, so meinte er, »um die Brocken in die Luft zu sprengen«. Das trug ihm den Spitznamen »Dynamit-Rudi« ein. Heute symbolisiert die Alte Oper das Ver-

Standesämtchen: Frisch getraute Paare kehren hier gerne ein. Das Traditionslokal liegt gegenüber dem Frankfurter Standesamt.

Museum für Moderne Kunst: Im extravaganten Kunst-Haus an der Domstraße zählt Pop-Art bereits zur Klassik.

bindungsglied zwischen altem und neuem Frankfurt: außen Hochrenaissance, innen High Tech-Architektur.

Unweit vom Opernplatz entfernt glitzern Frankfurts avantgardistische Hochhäuser und Bankentürme. Es sind eitle Selbstdarsteller, in den Himmel gebaut aus Stahl, Beton und Glas.

Der höchste Wolkenkratzer – und zwar in ganz Europa – ist der Commerzbank-Turm. Stolze 258,70 Meter mißt er, ohne Antenne.

Den Touristen viel weiter unten jedoch zieht es stadteinwärts über die Große Bockenheimer Straße in die Kalbächer Gasse. Diesen offiziellen Namen kann man aber getrost vergessen: Für die Frankfurter ist das schlicht die Freßgass.

Es ist die Bummel- und Schlenderzone für Müßiggänger und Zeitgeist-Jünger, denen die Shops und Boutiquen wichtiger sind als der Gang geradeaus weiter zur Hauptwache, Liebfrauenstraße und die Neue Kräme hinab in Richtung Main zum Römerberg. Das ist die »gut Stubb« Frankfurts, genauso wie das Traditionslokal »Standesämtchen«. Rechts steht das Rathaus, der »Römer«, mit den drei gotischen Staffelgiebeln. An den sechs Bauten der Ostzeile vis-à-vis hat sich Anfang der achtziger Jahre mancher ereifert. Die herrlichen Patrizierhäuser mit dekorativem Fachwerk wurden damals mit viel Hingabe, aber ohne histori-

Kunsthalle Schirn: Erst Kultur, dann Kulinarisches: Im Schirn-Cafe gibt es kleine, feine Häppchen und einen Aperitif.

Oscar's Restaurant: Gepflegter Lunch im Bistro des Frankfurter Hofs.

Der Konsumtempel Zeilgalerie ist das neue Wahrzeichen der Shopping-Meile. Hier fällt es nicht schwer, Geld auszugeben.

Der Hardtop-Roadster: Mercedes SLK 230 Kompresor
Dank seines genialen Stahldachs, das sich auf Knopfdruck zusammenfaltet und im Heck verschwindet, erweist sich der SLK mit geschlossenem Dach als laufruhiger Reisewagen mit akzeptablem Kofferraum-Volumen. Der 193 PS starke Vierzylindermotor mit Kompressor-Aufladung erlaubt auch auf längeren Autobahn-Etappen ein zügiges Tempo. Bevor sich das Coupé in einen Roadster verwandelt, muß jedoch das Gepäck im Hotel untergebracht sein, weil das Dach ungefähr ein Drittel des Kofferraum-Volumens für sich in Anspruch nimmt. Der Mercedes SLK 230 Kompressor kostet 65 000 Mark.

sche Authentizität nachgebaut – Bluff statt Beton.

Ein wahres Original der Moderne und eine Geld-Adresse im besten Sinne ist hingegen die Zeil, Deutschlands umsatzstärkste Einkaufsstraße. An guten Tagen sind hier über 15 000 Menschen unterwegs. Schön ist diese Shopping-Meile nicht, aber ein Paradies für Leute, die ihr Geld loswerden wollen. Da wundert es nicht, daß ausgerechnet hier der Ex-Baulöwe und Pleitier Jürgen Schneider mit der Zeilgalerie dem Konsum ein Denkmal setzte: fünf Dutzend Geschäfte auf sieben Ebenen.

Ein kurzer Blick auf die Uhr zeigt, daß es gut und gern elf Uhr ist, vielleicht halb zwölf. Zwischen Römerberg und dem Kaiser-Dom liegt die Kunsthalle Schirn. Zu ihr gehört das Schirn-Café, gestylt und very trendy. An der 40 Meter-Bar gibt es jetzt Tapas, Häppchen und Dips und einen Aperitif. Das macht endgültig Lust auf eine gepflegte Mahlzeit.

Zu »Oscar's« am Kaiserplatz, genauer im »Frankfurter Hof«, sind es nicht mehr als zehn Minuten Fußweg, vorbei an der Paulskirche über die Berliner Straße.

Sachsenhausen: Das urige Viertel hat schon lange keine Geheimtips mehr, aber das tut der Geselligkeit beim »Ebbelwei« keinen Abbruch.

»Oscar's« trägt seinen Namen so stolz wie der Hollywood-Filmpreis. Nicht ohne Grund: Den Besucher erwartet drinnen ein schickes City-Bistro-Pub. Die wenigen Plätze an den Tischen vor der Tür sind sehr begehrt.

Der Main teilt Frankfurt in »hibbdebach« (rechtsmainisch, die City) und »dribbdebach« – Sachsenhausen. Der historische Stadtteil Alt-Sachsenhausen mit kopfsteingepflasterten Gassen und Plätzen ist ein touristisches Amüsierviertel, dessen Hauptattraktion die zahlreichen Apfelwein-Kneipen sind. Ebbelwei? Dieses »Stöffche« trinken die echten »Schobbepetzer« am späten Nachmittag, so ab fünf, in ihren Stamm-Wirtschaften.

Cocktailbar Felix: Spieglein, Spieglein an der Wand – diskreter oder kommunikativer Blickkontakt, ohne gleich ertappt zu werden.

Sommer-Endspurt: Alte Molkerei. Tanz mit mir in den Morgen – bis fünf Uhr in der Frühe tummeln sich die Nachtschwärmer.

Dort hockt dann eine klassenlose Gesellschaft eng beieinander – Fremde und Freunde, Banker und Busfahrer.

Geheimtips gibt es in Sachsenhausen nicht mehr, nur Vorlieben. Zum Beispiel das »Gemalte Haus« und »Zum Wagner« (beide in der Schweizer Straße, Hausnummern 67 und 71).

Beim »Stöffche« entspinnt sich so manche Geschichte um die Geschichte der Stadt. Karl der Große kommt als Gründer der Main-Metropole gerade recht: Er soll in Nacht und Nebel am Südufer des Mains gestanden sein; die Sachsen waren hinter ihm her. Da tat er das Gelübde, bei seiner Rettung eine Stadt am anderen Ufer zu gründen. Und prompt teilte sich der Nebel, eine weiße Hirschkuh mit einem Kalb ging durch die Furt, und die Franken folgten ihnen. So entstand die

Das neue Frankfurt: tiefe Straßenschluchten, futuristische Hochhäuser und Bankentürme in Mainhattan.

Franken-Furt. Und »dort drüben sollen die Sachsen hausen«. Das ist der Stoff, aus dem Mythen gewoben werden.

So steht man denn in Sachsenhausen und reibt sich die Augen. Am Museumsufer sind die kulturellen Kleinodien der Stadt aufgereiht wie Perlen: Museen der Architektur, der Post, des Films, des Kunsthandwerks und, und, und. Aber der Star unter allen ist das Städel mit Werken der europäischen Malerei vom 14. Jahrhundert bis heute.

Der Tag geht, die Nacht kommt. Doch im mittlerweile legendären »Tigerpalast« (Heiligkreuzgasse 16-20) macht das spritzige Programm die Nacht wiederum zum Tage: Varieté, Menschen, Lichter, Bilder, Farben, Musik, Bewegung, Erotik und Exotik. Wer hier den Abend verbringt, wird es nicht bereuen.

Wen es auch danach noch nicht ins Bett zieht, der landet zum Beispiel in der Bistro-Bar »Felix« (Schillerpassage), wo vielversprechende Blickkontakte erheblich erleichtert sind. Pfiffige Designer haben den gesamten Innenraum verspiegelt – ich schau' dir in die Augen, Kleines. Um den Summer in the City nachts ausgiebig zu feiern, taugt auch die »Alte Molkerei« (Hanauer Landstraße 263-265). Bis zu 2000 Nachtschwärmer bevölkern dieses In-Lokal. Hier trifft man sich besonders gerne zur IAA-Zeit im September, wenn die Tage kürzer und die Nächte wieder länger werden.

Karl Maute

Als guter **Reiseführer** empfiehlt sich der aktuelle Baedeker-Band mit Stadtplan (24,80 Mark) oder der Reiseführer von Marco Polo (Mairs, 9,80 Mark), verfaßt vom Autor des vorliegenden eintägigen Frankfurt-Trips. Nähere Frankfurt-Infos und Hotelbuchungen unter Tel. 069/21238800.

<<<

Kulinarischer Moseltrip im Alfa GTV-Coupé

Eine Restaurant-Reise durch die brave Moselregion in einem rassigen italienischen Coupé – kann das gutgehen? Und ob, denn einige Mosel-Winzer und -Köche sind wahre Künstler der Gaumenfreuden.

Oberhalb der Mosel-Uferstraße kann der Alfa GTV seine Fahrqualitäten ausspielen.

Der Ruf der Moselregion als Weinbaugebiet hat in den letzten Jahren stark gelitten. Obwohl der Fluß zunächst Moselle heißt, weil er – kulinarisch verheißungsvoll – in Frankreich, in den Vogesen, entspringt, hatten die Herren Pieroth und Co. nichts Besseres zu tun, als den Wein vor Frost zu schützen – nach der Vergärung.

Doch heute gehören die Schandtaten weniger Winzer der Vergangenheit an, die Mosel und ihre Weine streben wieder nach Anerkennung. Und auch die Gastronomen der Region geben ihr Bestes, dem Sinneswandel der Moselwinzer zu folgen: Wo es gute Weine gibt, da muß man ebenso gut essen können. Drei Restaurants der größeren Moselregion können hier-

Bitte festhalten! Die Einschienen-Bahn fährt durch Steillagen.

Und wie war das GTV-Menü? Küchenchef Kucher fragt nach dem Wohlbefinden seiner Gäste.

zu bedenkenlos den Beweis antreten.

Martin Kucher eröffnete in der kulinarischen Wüste der Vulkaneifel seine Oase Kucher's Gourmet-Restaurant im gleichnamigen Landhotel. Darscheid bei Daun ist sicherlich keine Mosel-Hanglage, liegt aber im Einzugsbereich der Region. Und wer die Küche des Martin Kucher kennt, nimmt gern auch Umwege in Kauf.

Der Küchenchef hatte versprochen, eigens für das Reiseauto, den Alfa Romeo GTV, ein Menü zu kreieren. Das markante Coupé im herbstlichen Weinrot parkt bereits unter den alten Bäumen des gemütlichen Landhotels mit seinem flachen, fast alpenländisch wirkenden Giebeldach.

Alfa GTV-Menü, erster Gang: Ein leichter Start ohne Reifenqualm; mit Hummer und Spargel vereinigen sich zwei konträre Elemente.

Alfa GTV-Menü, vierter Gang: Der Farbenmix des Teller-Arrangements gibt Italiens Nationalflagge wieder – Wels eine Freude.

Alfa GTV-Menü, sechster Gang: Vom Koch zum bittersüßen Abschied bestimmtes Bauernobst ist die Zwetschge.

Kucher nimmt mit seinem Sous-Chef direkt am Sportcoupé Maß. Der Alfa wird bis in das letzte Detail begutachtet. Erste Stellungnahmen zielen in Richtung einer kulinarischen Kombination aus Klassik und Moderne. »Dabei soll das italienische Element, das Rassige gepaart mit Eleganz, genausowenig zu kurz kommen wie das Unkonventionelle der Alfa-Karosserie«, erklärt Kucher leicht abwesend, da er auf seiner inneren Koch-Festplatte bereits das Menü zusammenstellt.

Als besonders gelungen erweist sich am Abend der Fischgang, Waller oder Wels, dessen weißes Fleisch in Verbindung mit der roten Peperonata und den grünen Romanesco-Röschen die italienischen Landesfarben darstellt.

Der Wein dazu ist ebenfalls eine Kucher-Kreation: 1995er Kucher's Selektions-

Riesling Pommerner Sonnenuhr, ein laut Alfa-Koch »extrem gut gelungenes Hochgewächs, frisch, fruchtig, erinnert an Pfirsiche und Passionsfrüchte, dabei spritzig und trocken wie der Alfa GTV«. Kucher läßt diesen Wein nach eigenen Richtlinien beim Winzer ausbauen.

Das Finale des Menüs, die süß-saure Kombination der Zwetschgenterrine, ist ebenfalls eine Reminiszenz an das Alfa-Coupé: »Süß steht für einen gutaussehenden Sportwagen mit einem starken Motor, sauer für den winzigen Kofferraum. Doch insgesamt ein Leckerbissen, den man sich gerne antut.«

Das gleiche gilt für Trier, die größte und bedeutendste Stadt im Moseltal. Über sie

Gas und Edelstahl: Profi-Küchen glänzen und blitzen im Techno-Look.

Die trutzigen Mauern täuschen. Die Schönburg ist ein Schlemmer-Treff.

schreibt der Polyglott-Reiseführer mit lapidarer Prägnanz: »Trier weist Bauwerke und Bodenfunde auf, wie sie in keiner anderen Stadt nördlich der Alpen vorhanden sind.« Trotzdem ist Trier auf sympathische Weise provinziell geblieben.

Beim Spaziergang durch die Altstadt und über den Hauptmarkt, vorbei an Kirchen und Häusern aus nahezu allen Bau-Epochen, machen sich mondäne Modegeschäfte rar. Dafür locken zahlreiche Straßencafés und Restaurants. Zur Erfrischung gönnt man sich mal keinen spritzigen Weißen, sondern herrlich herben Apfelmost, in Trier Viez genannt.

Auf Burg Arras oberhalb von Alf bietet ein gutbürgerliches Restaurant soliden Mittagstisch.

Wieder an Bord des Alfa geht die Reise weiter flußabwärts. Die Mosel-Uferstraße windet sich schlangengleich, wechselt bisweilen das Ufer und geizt nicht mit Orten voller Geranien, Fachwerkhäuser, Butzenscheiben und Meistersinger-Romantik, allen voran das turbulente Bernkastel.

Uferbummler in Familienlimousinen und Wohnmobilen verleiden etwas den Fahrgenuß – ebenso tieffliegende Sprüh-Hubschrauber. Cabrio? Nein danke, obwohl dem GTV-Piloten im höhlenartigen Coupé-Innenraum der Blick auf die eine oder andere Burg verwehrt bleibt.

Alf ist zum Glück nicht das geschwätzige Fernseh-Untier, sondern ein lebhafter Urlaubsort an der Mosel, der mit gleich zwei Burgen auf aussichtsreichen Anhöhen aufwarten kann: Burg Arras und Ruine Marienburg. Unten auf dem Fluß sieht man, wie die Lastkähne um die Moselserpentinen herumdriften.

Brunnenfigur auf dem Hauptmarkt: Trier birgt unzählige Kunstschätze seit der Römerzeit.

Wer auch seinem Alfa zu etwas mehr Bewegung verhelfen möchte, der sollte von der vielbefahrenen Mosel-

Schöner Romeo: Alfa GTV Coupé
Das 1994 von Alfa Romeo präsentierte Coupé entstammt einem guten Jahrgang und hat seither nichts an Glanz und Charakter verloren. Vor allem in dunklen Metallic-Farbtönen wirkt der knuffige Sportler mit dem kupierten Heck betörend böse und deshalb attraktiver denn je. Mit 1,8 Liter-Vierzylindermaschine (144 PS, 205 km/h) ab 45 900 Mark.

Uferstraße herunter und hinauf in die umliegenden Berge fahren; etwa von Zell-Merl nach Grenderich, dann Mittel- und Altstrimmig, um von hier aus dem Flaumbach folgend wie-der in Treis-Karden auf die Moselstraße und weiter nach Alken zu gelangen.

Dort wartet Peter Kopowski auf seine Gäste. Er ist Inhaber und Küchenchef des Restaurants Burg Thurant. Als bekennender Harley-Davidson-Fahrer stammte übrigens von ihm die Idee, doch einmal eine kulinarische Reise an die Mosel anstatt ins Elsaß oder in die Champagne zu machen.

Auch in seinem Restaurant kann man bestens speisen. Obwohl Kopowski mit den Formulierungen auf der Karte nicht so auf den Putz haut, handelt es sich dabei um eine Küche für Feinschmecker, etwa bei dem mit Lauch gefüllten Schweinefilet auf Käse-Rieslingcreme. Der Wein dazu ist erstklassig: ein 1995er Riesling vom Winninger Röttgen, trocken ausgebaut, vornehm und fruchtig mit dezenter Säure. So muß ein Mosel-Riesling schmecken.

»Das liegt am Mikroklima der Mosel und an dem Schieferboden, in dem der Wein wurzelt«, erklärt Reinhard Löwenstein vom Weingut Heymann-Löwenstein, das unweit von Koblenz bei Winningen liegt. Oberhalb der Mosel stapft der Winzer im bedächtigen Schritt zwischen den steil gelegenen Rebstöcken hindurch und mißt mit Hilfe zweier kleiner Glas-

Mosel-Romantik: Fachwerkhaus in Ediger-Eller.

platten den Öchslegrad der Trauben. Löwenstein erklärt dabei die Vorzüge seiner Weinlage. Der Temperaturwechsel im Oktober würde die lange Vegetationsperiode, in der die Trauben behutsam reifen, unterstützen. »Auf heiße Tage folgen kühle, aromenbildende Nächte«, lüftet Löwenstein das Geheimnis des Moselweins.

Andere Geheimnisse bewahrt dagegen die Burg Schönburg in Oberwesel, hoch droben über dem Rhein. Dort lädt Burgherr Wolfgang Hüttl zum Rate-Schlemmer-

Rassepferde unter sich. Auch heute noch wirkt das Alfa Romeo-Coupé provozierend modern.

menü ein. Die Gäste sollen Jahrgang und Traube der Weine sowie die Bestandteile der verschiedenen Tellergerichte des Acht-Gänge-Menüs herausfinden.

Ein echter Gaumen-Spaß, den ein Tester vom Magazin »Feinschmecker« kürzlich

nicht so lustig fand. Der Spielverderber brachte es nämlich nur auf ganze acht Punkte, seine Frau, als amtierende Mutter vornehmlich mit der Zubereitung von Hausmannskost betraut, heimste deren 25 ein.

Leicht sind sie zwar, die acht Gänge, weniger jedoch deren Auflösung, die hier natürlich nicht verraten werden darf. Daher nur soviel: Eine geeiste Essenz ist zum Beispiel dabei, die man sonst nur warm kennt; eine Suppe, die üblicherweise eine ganz andere Farbe hat; und ein Eis aus einem exotischen Gewürz, welches längst in keinem Haushalt mehr fehlt.

Keine kulinarischen Rätsel mehr gibt nach dieser Reise dagegen die Mosel auf, die auch auf dem Automobil-Sektor mit einer ersten Lage glänzt: August Horch, genialer Autokonstrukteur und Gründer der Audi-Werke, kam 1868 in Winningen zur Welt.

Daniel Lengwenus

>>>

Die **Anreise** nach Darscheid bei Daun erfolgt von Nord oder Süd über die Autobahn A 61 (alternativ A 3) bis Koblenz. Dort auf der A 48 in Richtung Trier, Ausfahrt Ulmen, auf der B 259 nach Daun.

Alle Häuser, in denen auf dieser Reise gegessen wurde, bieten auch **Hotelbetten.** Kucher's Landhotel, 54552 Darscheid, Tel. 06592/629, Fax -3677, Übernachtung mit Frühstück pro Person 68 Mark. Hotel-Restaurant Burg Thurant an der Moselstraße, 56332 Alken, Tel. 02605/ 3581, Doppelzimmer mit Frühstück 110 Mark. Burghotel und Restaurant Auf Schönburg, 55430 Oberwesel am Rhein, Tel. 06744/ 7027, Fax -1613, Doppelzimmer mit Frühstück ab 235 Mark, Einzelzimmer ab 130 Mark.

Essen und Trinken an der Mosel ist vergleichsweise preisgünstig: Kuchers Alfa GTV-Menü (sechs Gänge, nur auf Vorbestellung) kostet 110 Mark. Einige Gemüsezutaten sind saisonabhängig. Das Rate-Menü des Burgrestaurants Auf Schönburg wird ab sechs Personen angeboten und kostet pro Person 195 Mark inklusive der begleitenden Weine. Tagesmenüs beginnen bei 60 Mark. Burg Thurant offeriert zwei Menüs zu 35 und 95 Mark. Empfehlenswerte Moselweine: Winninger Röttgen, 1995er Riesling, Weingut Heymann-Löwenstein in Winningen; 1992er Zeltinger Sonnenuhr, Riesling-Spätlese, halbtrocken, Weingut Molitor in Zeltingen, 36 Mark; 1994er Briederner Römergarten, Riesling-Auslese, geerntet am 25. 12. 1994, Weingut Görgen in Briedern, 32 Mark (0,375 Liter-Flasche).

Sehenswürdigkeiten bieten vor allem die großen Städte an der Mosel, Trier und Koblenz. So ist Koblenz die einzige Stadt an der Mosel mit Rheinpromenade. Am Deutschen

Eck kann man den Zusammenfluß der beiden Flüsse und ein riesiges Reiterstandbild von Wilhelm I. bestaunen. Viele Burgen säumen das Ufer der Untermosel. Die besterhaltene liegt allerdings nicht am Fluß: Burg Eltz bei Moselkern, die den alten 50 Mark-Schein ziert. Sie ist nur zu Fuß zu erreichen. Doch der Weg lohnt sich – auch wegen der guten Burgführung.

Als üppig bebilderter **Reiseführer** mit integrierten Straßenkarten empfiehlt sich der HB-Bildatlas Nr. 135 (14,80 Mark). Ebenso informativ: Allianz-Freizeitkarte Nr. 18 (Mair, 9,80 Mark). Speziell für Feinschmecker: Meininger Restaurantführer Mosel mit 120 Empfehlungen (Meininger-Verlag, 26,80 Mark); Aral Schlemmer-Atlas, 2064 Restaurants in Deutschland, (Busche, 54 Mark).

AK-ZD 5

Die Auto-Museumsstraße im Fiat Neckar

Zwischen Sinsheim und Tübingen liegen einige der schönsten Auto- und Technikmuseen Deutschlands. Ein NSU-Fiat Neckar, der seinen Namen dem süddeutschen Fluß verdankt, wandelte bei dieser Reise zugleich auf den Spuren seiner eigenen Geschichte.

Gewundene Sträßchen mit schmalen Steinbrücken durchziehen das Hohenloher Land.

Keine 200 Meter vom Museumseingang liefern sich Brummis und Personenwagen auf der A 6 ein Kopf-an-Kopf-Duell, doch für die Ahnen der Motorisierung in den beiden schmucklosen Industriehallen ist das Rennen längst gelaufen. Die spindeldürren Pneus eines Bugatti 35 C, der nach verwelktem Lorbeer riecht, haben ihre letzte Ruhestätte in Sichtweite eines Lanz Bulldog-Ackerschleppers von 1922 gefunden, an dessen Vollgummibereifung nicht einmal mehr der Geruch von Mist und Gülle haftet.

Ein alter Herr geht vor der hoch aufragenden Karosse eines Mercedes 630 von 1928 in die Knie, überwältigt von seinem einstigen Jugendtraum: »Ein Gedicht.« – »So

Als Ergonomie und Crashsicherheit noch Fremdwörter waren, schmückten Autos Chrom und Vasen.

Bewaldete Ufer säumen den Fluß, der dem NSU-Fiat Neckar den Namen gab.

einen Büssing hat Opa gefahren«, erinnert sich ein junger Mann mit einer vagen Ahnung, welche Schwerarbeit am Steuer des martialischen Langhaubers wartet.

Mehr als 3000 Exponate aus verschiedenen Verkehrsbereichen erheben das Auto- und Technik-Museum im baden-württembergischen Sinsheim in den Rang eines Generalisten an der Straße der 1000 Oldtimer. Bekannte Größen der Automobilgeschichte wie Cadillac, Ferrari oder Maybach stehen Seite an Seite mit einer illustren Palette von Motorrädern, Flugzeugen und gewaltigen Dampflokomotiven, von denen gelegentlich eine unter Ächzen und Stöhnen graue Rauchwolken in den Wellblech-Himmel stößt.

Museum Sinsheim: Amerikanischer Barock in nüchterner Architektur.

Dann verlieren auch der Audi Quattro S1, mit dem Walter Röhrl 1987 das Pikes Peak-Rennen gewann, und der Blue Flame, mit dem Gary Gabelich 1970 den Geschwindigkeitsrekord für Landfahrzeuge aufstellte, an Anziehungskraft.

Zwei Sonderausstellungen ehren die Duesenberg aus dem fernen Amerika und die Porsche aus dem nicht so weiten Zuffenhausen, doch ein Auto aus dem 30 Kilometer nahen Heilbronn sucht man unter den deutschen

Nachkriegswagen auf der Empore vergeblich.

Dabei hat der Fahrzeugbau in der Neckarstadt ebenso Tradition wie flußaufwärts in Stuttgart. Schon in den zwanziger Jahren errichtete der Motorradhersteller NSU in der Salzstraße ein Zweigwerk für Autos, das Fiat 1929 übernahm. Von den dreißiger bis in die sechziger Jahre wurden hier Modelle des italienischen Mutterhauses montiert, aber auch Sondertypen für den deutschen Markt hergestellt.

Der dunkelgrüne Viertürer, der nun eine Reise zu den schwäbischen Automuseen antritt, gibt seine multinationale Herkunft schon am Heck zu erkennen. NSU-Fiat steht dort in verchromten Lettern, und als Tribut an seine Geburtsstadt trägt er statt der nüchternen Typenbezeichnung 1100 den Namen des Flusses, an dem sie liegt. Zum Heimatbesuch nach 40 Jahren Emigration in Sauerland und Westerwald springt er bereitwillig an und nimmt die erste Etappe unter seine 14 Zoll-Räder.

Flugzeug-Veteranen auf dem Freigelände des Sinsheimer Technik-Museums.

Aber auch im Neckarsulmer Zweirad-Museum, das zugleich der NSU-Firmenge-

Motor-Museum Öhringen: Mode und Jukeboxen vermitteln das passende Zeitgefühl.

schichte gewidmet ist, bleibt der abgespaltene Zweig unerwähnt. Dafür findet sich im historischen Gemäuer des Deutschen Ordens fast alles, was je auf zwei Rädern bewegt wurde: von der Laufmaschine bis zu teleskopgefederten Rennrädern, vom ersten motorisierten Daimler-Reitwagen bis zum Chopper aus dem Biker-Kultfilm »Easy Rider«. Der Schwerpunkt liegt auf den Straßenmaschinen, informativ beschildert und in zeitgenössischem Umfeld präsentiert.

Weiter östlich beginnt das Hohenloher Land, das mit seinen oft wehrhaften Städtchen, seinen Weinbergen und glücklichen Schweinen eine malerische Kulisse für geruhsame Wochenendausflüge bildet. Die alte Residenzstadt Öhringen südlich der Autobahn nach Nürnberg kann dazu nicht nur einen historischen Ortskern samt Renaissance-Schloß beisteuern, sondern seit 1980 auch eine Sammlung hochklassiger Touren- und Sportwagen sowie Motorräder von 1945 bis 1965.

In der mit alten Emailleschildern, Zapfsäulen und Gebrauchsgegenständen der fünfziger Jahre dekorierten Halle läßt sich ganz nebenbei die persönliche Motorisierungsgeschichte des Besitzers Paul Heyd nachvollziehen. »Früher waren die Autos nichts mehr wert, da haben wir sie einfach hier abgestellt«, erinnert er sich an den Beginn seiner Sammelleidenschaft. Allerdings stehen neben seinen früheren Alltagswagen Jaguar XK 140, Mercedes 300 S oder Opel Kapitän auch Autos, die seit dem Kauf gerade die Überführungskilometer gefahren worden sind.

»Den Aston Martin Mk III habe ich vor 20 Jahren selbst aus England geholt«, erzählt Heyd und gibt zugleich einen Einblick in die Geheimnisse des Oldtimerkaufs: »Ich schaue mir immer zuerst die Leute an, dann die Autos.

Auch ein Oldtimer: Neckarschiff en miniature.

Gute Leute, die ihre Wagen pflegen, haben Tränen in den Augen, wenn sie sich von ihnen trennen müssen.«

Draußen vor der Tür klebt ein älteres Paar an den Scheiben des grünen NSU-Fiat. »Unser erstes Auto«, ent-

Fahren im Stil der fünfziger Jahre vor Schloß Langenburg: reiche Chromzier, hinten angeschlagene Fronttüren.

zückt sich die Dame, gerade wie damals, als ihr Mann mit dem fabrik-neuen Neckar um die Ecke bog. »Damit sind

wir im Sommer bis nach Neapel gefahren.« Selbst mit Wohnwagen habe der Neckar 100 Kilometer pro Stunde geschafft, trotz seiner für neuzeitliche Begriffe eher bescheidenen Leistung von 34 PS.

Ohne diesen Ballast meistert er auch heute noch die hügeligen Sträßchen auf dem Weg nach Langenburg mit Bravour. Sattgrüne Wiesen und Mischwälder fliegen vorbei, während Besitzer Man-

Fiat aus dem Schwabenland

Von 1953 bis 1968 wurde nicht nur in Italien, sondern auch in Heilbronn am Neckar die Fiat-Baureihe 1100 gebaut, die in Deutschland unter der Modell-Bezeichnung Neckar dem VW Käfer Konkurrenz machte. Anfänglich firmierten die Neckar-Modelle noch als NSU-Fiat. Der Preis des 45 PS starken, hübsch gestylten und nur knapp vier Meter langen Viertürers lag 1963 bei 5600 Mark.

Museum Eschach: Autos sind nur ein kleiner Teil dieses riesigen Sammelsuriums.

fred Klöckner den Vierzylindermotor durch fleißige Gangwechsel mit dem Lenkrad-Schalthebel in Schwung hält. Virtuos operiert er mit dem Handgas und einem Zuggriff, der die Luftzufuhr zum Motor mittels einer Kühlerjalousie regelt.

Hoch über dem Jagsttal erhebt sich das Renaissance-Schloß derer von Hohenlohe-Langenburg, das seit 1970 das Deutsche Auto-Museum beheimatet. Im ehemaligen Marstall samt modernem Anbau geben rund 80 Veteranen einen kleinen, aber durchaus repräsentativen Einblick in die Geschichte des Automobils.

Klassische Sportwagen wie Maserati A6 von 1955 und Talbot Lago GP von 1951 zeugen vom Ruhm vergangener Rennerfolge, während den Kleinwagen aus Eisenacher oder Neckarsulmer Produk-

Deutsches Auto-Museum: Kleinwagen vom Goggo bis zum Trabi in Schloß Langenburg.

Boxenstop Tübingen: Neben den Originalen locken Modellautos und Spielzeug.

Ziel erreicht: Nach 200 Kilometern finden Neckar und Neckar in Tübingen wieder zusammmen.

Auch sie mag den Neckar.

tion die Ehre gebührt, die Deutschen auf vier Rädern mobil gemacht zu haben.

Von der wohlgeordneten Museumsherrlichkeit in Langenburg bis zum liebenswerten Chaos ungezügelter Sammelleidenschaft sind es nur 30 Kilometer Luftlinie in südlicher Richtung. Was dem zufällig durch Eschach-Seifertshofen Reisenden wie der Schauplatz einer größeren Luftfahrt-Katastrophe erscheint, ist in Wirklichkeit das Schwäbische Bauern- und Technik-Museum von Eugen Kiemele.

Unter einer flügelamputierten Super-Constellation liegen russische MiG-Düsenjäger im Gras, und zwischen den Hallen auf der anderen Straßenseite rostet Schrott jeglicher Art vor sich hin. Die ausrangierte Straßenbahn beheimatet nun ein Starenpärchen, den Formel 3-Monoposto überwuchert ein Brombeerbusch. Nur besondere Stücke wie das Isabella Coupé oder der Mercedes 220 S ruhen im Trockenen, wo sie zwischen Dampfwalzen und Feuerwehrautos auf bessere Zeiten warten.

»Das ist mein Lebenswerk«, bekennt der 59jährige Kiemele verschmitzt, der sich mit Traktor-Pulling fit hält. Da muß er wohl mindestens 100 werden. Zuzutrauen wäre es ihm.

Bernd Stegemann

Wie einst im Mai: Neckar in der Tübinger Altstadt.

>>>

Touren für Oldtimerfreunde: Auf der Süddeutschen Museumsstrasse

Essen und Trinken gehört zu den liebsten und größten Künsten der Schwaben. Besonders Mehlspeisen wie Kässpätzle und Maultaschen gibt es in reicher Auswahl, andere Spezialitäten sind Hirnsuppe und Zwiebelrostbraten mit Schupfnudeln und Sauerkraut. Entlang der vorgeschlagenen Route empfiehlt sich zum Beispiel das Gasthaus Krone in Öhringen (Tel. 07941/7278) oder die Stuttgarter Weinstube Kochenbas (Tel. 0711/602704). Eine erste Adresse für Feinschmecker mit internationaler Ausrichtung ist dagegen das Wald- und Schloßhotel Friedrichsruhe in dem gleichnamigen Ort (bei Öhringen), Tel. 07941/60870.

Mit zwei **Übernachtungen** läßt sich die Tour am bequemsten angehen. Für den ersten Aufenthalt empfiehlt sich die Region Öhringen und in der Stadt die »Post – Württemberger Hof« (Tel. 07941/92000). Das komfortable Hotel mit Gästehaus reicht bis in das Jahr 1869 zurück und ist im modern-behaglichen Stil neu eingerichtet. Stuttgart bietet von der einfachen Pension bis hin zu mehreren Fünf-Sterne-Hotels ein breites Spektrum von Herbergen für jeden Geschmack und Geldbeutel.

Die hier genannten **Museen** gehören überwiegend dem Verband der deutschen Museen für Auto, Motor und Technik (Tel. 07261/61116) an, der ein Faltblatt mit Öffnungszeiten und Adressen der einzelnen Mitgliedshäuser verschickt. Unterschiede gibt es nach Umfang und Themenspektrum, aber auch nach baulichen Gegebenheiten und Erhaltungszustand der Exponate.

In **Sinsheim** (Tel. 07261/61116) stehen unter anderem

350 gut restaurierte Oldtimer, 15 Lokomotiven sowie 60 Flugzeuge in zwei Hallen und einem großen Freigelände. Das Deutsche Zweirad-Museum **Neckarsulm** (Tel. 07132/35271) zeigt nur wenige Autos, aber stilvolle Architektur und ein ansprechendes pädagogisches Konzept. Klein, aber fein ist das Motto des Motor-Museums **Öhringen** (Tel. 07941/-8027), während Schloß **Langenburg** (Tel. 07905/264) mit historischen Renn- und Sportwagen sowie einer malerischen Umgebung lockt.

Im Bauern- und Technik-Museum **Eschach** (Tel. 07975/360) kommen vor allem Entdeckertypen auf ihre Kosten, im Märklin-Museum **Göppingen** (Tel. 07161/608289) die Liebhaber von Modelleisenbahnen.

Die jeweilige Firmengeschichte mit Nebenwegen kann man in den **Stuttgarter** Werksmuseen von Porsche (Tel. 0711/8275685) und Mercedes (Tel. 0711/1722578) nachvollziehen.

Als »Museum zum Anfassen« versteht sich das Auto- und Spielzeugmuseum Boxenstop (Tel. 07071/929020) in **Tübingen,** eine Mischung von Autos, Blechspielzeug und Puppen.

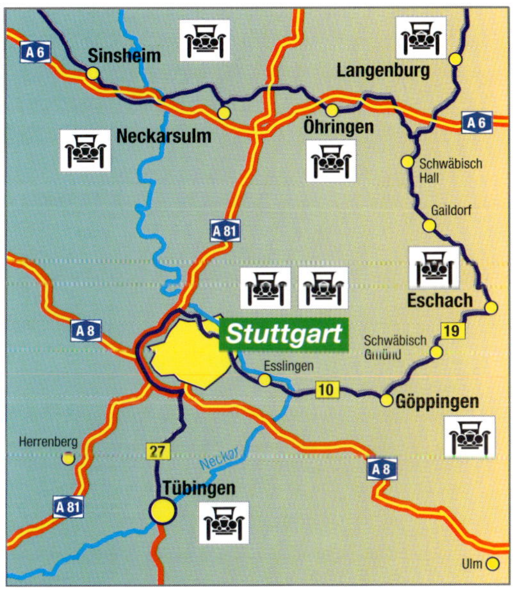

Wer die vorgeschlagene Route von Sinsheim nach Tübingen nachfahren will, sollte sich etwa zwei bis drei Tage Zeit nehmen.

Skifahren im Schwarzwald mit Georg Thoma im G-Modell Cabrio

Der Skiort Hinterzarten im Hchschwarzwald bietet Langlauf-Spaß in alpinen Dimensionen. Olympiasieger Georg Thoma fährt in einem Mercedes G-Modell durch sein Loipen-Revier.

SCHWARZWALD

Mit seinen beinahe bis zu 1500 Meter hohen Berggipfeln ist der Schwarzwald ein attraktives Wintersport-Revier.

Langlauf auf gespurten Loipen ist wie Zugfahren – Starlight Express on Ice. Zumindest Gelegenheitslamgläufer, die mit pochendem Puls und dampfendem Atem über das Schneegleis schnellen, befallen solche Assoziationen.

Bergauf fühlt man sich wie ein altes Gotthard-Krokodil, das Baustahl in das Heidiland schleppt, bergab wie Indiana Jones, der in einer wild schlingernden Grubenlore aus dem Tempel des Todes flieht. Und springt die Loipen-Lokomotive aus der Spur, so entsteht beim Sturz wieder eines dieser häßlichen Schneelöcher, das einem Bombentrichter gleicht.

Daß Langlauf dennoch viel Spaß macht, hat zwei Gründe: Zum einen lockt die einsame, grellweiße und mit Leuchtkri-

Georg Thoma schätzt die Qualitäten des Mercedes mit seinem elektrischen Cabrio-Dach.

stallen übersäte Winterlandschaft, und zum anderen trainiert der Ski-Langläufer auf kurzweilige Art Muskeln, Herz und Lunge. Beides gelingt besonders gut auf einer der 14 Langlaufloipen rund um Hinterzarten im Hochschwarzwald.

Vor dem Mathislehof führt die Loipenspur über mehrere Bodenwellen hinweg zügig bergab, durch eine Senke hindurch und auf der anderen Seite wieder steil nach oben. Eine Schußfahrt würde sich lohnen – erspart sie doch teilweise den Aufstieg -, ist aber nicht ganz ungefährlich.

Wie ungefährlich das ganze ist, zeigt ein kleiner, schlanker Langläufer mit hellem Haar im grünen Lauf-Overall. der in gebückter Haltung wie ein ICE vorbei- und bergab zischt, den anschließenden Aufstieg mit schnellen, synchronisierten Arm- und Beinbewegungen meistert und dann wieder seinen normalen, kraftvoll-geschmeidigen Gleitrythmus aufnimmt. Im Tempo eines

Hinterzarten ist die Skispringer-Metropole Europas und produziert Olympiasieger sowie Weltmeister in Serie.

Radfahrers verschwindet der Läufer hinter dem Mathislehof aus dem Blickfeld: Georg Thoma macht Frühsport.

Neid kommt nicht auf, denn der Mann hat Übung. Thoma gewann 1960 bei den Olympischen Spielen in Squaw Valley/USA als jüngster Teilnehmer den Wettbewerb in der Nordischen Kombination. Damit rückte der damals 23 Jahre alte Postbote seinen Heimatort Hinterzarten ins grelle Licht der Me-

Auch heute noch bevorzugt Thoma auf der Loipe ein sportliches Tempo.

Hinterzarten ist Thoma-Town. Der Name begegnet einem hier so oft wie ein Mercedes in Stuttgart.

dien. Polizisten eskortierten zu Fuß das VW Cabrio im Autokorso, auf dessen Verdeck der Olympiasieger bei seiner Triumphfahrt durch Hinterzarten saß.

Der junge Thoma erinnert auf alten Fotos mit seiner kräftigen Haartolle an James Deas. Die Bilder von damals zeigen aber auch einen jungen Mann, der mit erstarrten Gesichtsauszügen auf seinen Skiern rackert, kämpft und sein Letztes gibt. Die Erfolgsbilanz nach Squaw Valley: Siege in Einzelwettbewerben, mehrmals Erster der Weltrangliste in der Nordischen Kombination, mehrfacher Senioren-Weltmeister, Sportler des Jahres und Träger des Bundesverdienstkreuzes.

Doch darüber spricht der inzwischen ergraute Sportler nur selten oder gar nicht.

Thoma blieb jung, weil er das Neue akzeptierte.

Dafür ist sein waches Interesse für die Dinge der Gegenwart einfach zu groß. »Da habt ihr ja ein tolles Auto mitgebracht«, freut sich Thoma, als er das silberfarbene Mercedes G-Modell Cabrio erblickt, mit dem er auf verschneiten Schwarzwaldstraßen fahren wird. So könne er, sagt Thoma, mehr von der Gegend zeigen und müßte auf der Loipe nicht ständig im ersten Gang fahren.

Beeindruckt vom Komfort des G-Modells mit Automatikgetriebe und elektrisch betätigtem Cabrioverdeck – »so etwas habe ich bei einem Geländewagen noch nie gesehen« – steuert er den Wagen in Richtung Feldberg. Die Langlauf-Skier sind natürlich im Winter immer dabei.

Die Sonne strahlt ins Cockpit und versetzt den Fahrer in Erzähllaune. Thoma berichtet von seiner zweiten Leidenschaft: Radfahren. Jedes Frühjahr gehe es nach Monte Carlo, wo er große Radtouren bis hinauf zum Col de Turini unternehme. Den Rest des Jahres verbringe er in Hinterzarten. »Im Sommer organisiere und leite ich Mountainbike-Touren, im Winter meine eigene Skischule. Außerdem kümmere ich mich um den Sport-Nachwuchs«, erzählt Thoma. Mit

Große Schwarzwaldhöfe besitzen oft eigene Kapellen.

Hüttenwirt Peter Kaiser beim Schneeräumen vor seiner Haustür der St. Wilhelmener Hütte.

Erfolg, wie sein Neffe Dieter beweist: Er ist mehrfacher Deutscher Meister, Gewinner der Vierschanzen-Tournee und war 1994 Olympiasieger in Lillehammer.

Auf dem Weg von der Todtnauer zur St. Wilhelmer Hütte, den nur Anlieger und Olympiasieger befahren dürfen, durchquert der G 320 die tiefen Fahrfurchen einiger Schneewehen mit der Beständigkeit und den Schaukelbewegungen eines indischen Jagdelefanten.

Am Ziel sieht man Hüttenwirt Peter Kaiser bei seiner wichtigsten Winterbeschäftigung: Er fräst. Sein alter Unimog verwandelt den meterhohen Schnee in eine glitzernde Kristall-Fontäne und sorgt dafür, daß wenigstens Geländewagen, Wanderer uns Skifahrer die Hütte erreichen. Denn hier auf der sturmumtosten Westseite des kahlen Feldberggipfels sind Langläufer schutzlos den eisigen Böen ausgesetzt.

Auch Thoma saß nach langen Skimärschen schon oft in der warmen Hütte mit ihrem Windfang und den knarzenden Doppeltüren. Aber wie war es möglich, daß ein junger Briefträger aus Hinterzarten die skandinavische Ski-Elite schlagen konnte? Der Ski-Champion erzählt von seiner Jugend.

Als junger Kuhhirte auf dem Wunderlehof mußte er nicht nur seinen Kühen nachjagen, sondern jeden Tag sechs Kilometer weit in die Schule nach Hinterzarten wandern – im Sommer zu Fuß, im Winter auf Skiern. Den Spaß am Skifahren habe er vom Vater geerbt, der in Hinterzarten Skilehrer war. Außerdem gebe es hier eine hervorragende 60 Meter-Schanze, die Adlerschanze,

Auch junge Wintersportler sind im Schwarzwald willkommen und kommen auf ihre Kosten.

auf der Georg schnell und erfolgreich flügge geworden sei.

Die Skischanze, der zwiebelgekrönte Kirchturm sowie Gasthöfe und Hotels im gemütlichen Schwarzwald-Stil bestimmen das Bild des Hinterzartener Ortszentrums, wo Thoma den Mercedes parkt.

Im alten Schwarzwaldhaus des Parkhotel Adler gesteht der Olympiasieger bei einem Glas Kaiserstühler seine Leidenschaft für schnelle Autos:

Mit dem G-Modell von Mercedes sind auch entlegene und ungespurte Langlauf-Routen erreichbar.

»Ich bin schon als Kind zum Schauinsland-Rennen gewandert.« Reisen nach Hokkenheim und zum Nürburgring seien gefolgt. Und einmal habe er in Monaco sogar eine Radtour mit Michael Schumacher unternommen.

Offen für Abenteuer: Mercedes G 320
Als Offizier und Gentleman bietet das G-Modell Cabrio beste Offroad-Qualitäten gepaart mit einer Topverarbeitung und Luxus-Ausstattung: Ledersitze, Holz-Zierat, elektrisches Cabrioverdeck und Automatikgetriebe. Der 3,2 Liter-Motor leistet 215 PS und beschleunigt den 4,23 Meter kurzen Mercedes in elf Sekunden auf 100 km/h. Die Höchstgeschwindigkeit liegt bei 173 km/h, der Preis bei über 115 000 Mark.

Auch ein denkwürdiger Unfall konnte Thomas Spaß am Auto nicht rüben. Sein Biograph Gerd Jauch notiert in der Chronik: »14. Januar 1961, Le Brassus. Im Auslauf der Schanze nach bestem Trainingssprung mit Straßenkreuzer kollidiert und stark verletzt.«

Franz-Peter Hudek

>>>

Weiße Ferien im Schwarzwald: Reisetips

Die **Anreise** mit dem Auto von Osten führt über die B 31 von Donaueschingen in Richtung Freiburg, von Norden über die A 5 in Richtung Basel, Ausfahrt Freiburg Mitte. Ab hier sind es bis nach Hinterzarten noch etwa 40 Kilometer.

Als traditionsreicher Urlaubsort bietet Hinterzarten **Hotels** in allen Komfortklassen zu moderaten Preisen: Das Parkhotel Adler ist seit 1446 in Familienbesitz und glänzt mit seinem Schwarzwaldhaus-Restaurant. Das Hotel Reppert besitzt eine Badetherme und bietet seinen Gästen ein eigenes Unterhaltungsprogramm an. Das Hotel Thomahof lockt mit freier Südlage und großem Wellnessbereich. Die Preise der Vier-Sterne-Hotels liegen zwischen 200 und 300 Mark (Doppelzimmer mit Frühstück). Preisgünstige Übernachtungen in Gästehäusern oder auf Bauernhöfen beginnen bei 60 Mark. Im neu eingerichteten Gasthof Zum Engel (ab 120 Mark), sind auch Haustiere willkommen. Der Hund kostet fünf, das Pferd 15 Mark pro Nacht. Info-Tel.: 07652/1206-42, Fax -49

Hervorragendes **Essen** am gemütlichen Kachelofen bietet die Bauernstube im Parkhotel Adler von 1639. Gebeiztes Forellenfilet in Wildkräutersalat, badischer Kalbssauerbraten und Kaiserstühler Traubenstrudel, dazu einen Roten aus dem 350 Sorten-Keller runden einen Langlauftag wohltuend ab. Als Aperitif empfiehlt sich Georg Thomas Gartenhägler, ein Wildbeerenwein nach altem Originalrezept (Privat-Kellerei Willy Metzger).

Die **Skisaison** dauert bei günstiger Schneelage von Ende Dezember bis Ende März. Rund um Hinterzarten stehen 134 Loipen zur Verfü-

gung. Die Höhenunterschiede bei anspruchsvollen Routen betragen bis zu 300 Meter. Alpin-Skifahrer treffen sich in Hinterzarten auf drei Flutlichtpisten oder erreichen nach 15 Minuten Autofahrt das ausgedehnte Skigebiet am Seebuck und Grafenmatt.
Überaus sehenswert ist das neue Schwarzwälder Skimuseum in Hinterzarten. Im Sommer: Pisten für Wanderer und Mountain-Biking.

Als gute **Reiseführer** sind zu empfehlen: der HB-Bildatlas Südschwarzwald (Nr. 139, 16,80 Mark), von Falk-Reisen Südlicher Schwarzwald (Nr. 5, 16,80 Mark) und der Baedeker Schwarzwald (29,80 Mark).

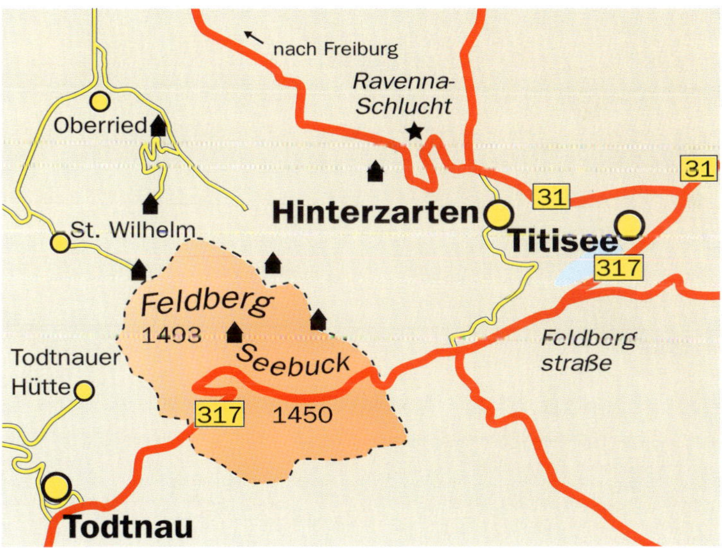

Die Oberschwäbische Barockstraße im BMW-Oldtimer-Cabrio

Nach dem Dreißigjährigen Krieg verbreitete sich in Süddeutschland eine neue Kunstrichtung, deren Wahrzeichen die rundlichen Doppeltürme sind – das Barock. Eine Reise im stilgerechten BMW 503 Cabrio entlang der Oberschwäbischen Barockstraße.

Wie Leuchttürme weisen die Kirchtürme dem Reisenden den Weg. Hier von Obermarchtal nach Rechtenstein.

OBERSCHWÄBISCHE BAROCKSTRASSE

Auf der Bundesstraße 465 zwischen Münsingen und Ehingen biegt das blaue BMW-Cabrio nach rechts in Richtung Granheim ab und dreht die Zeit zurück auf das Jahr, in dem es gebaut wurde: 1956.

Zum Glück nicht ganz, denn die Straße ist gut ausgebaut. Aber der geringe Verkehr und die ruhigen Dörfer mit den Satteldach-Kirchtürmen, den Misthaufen und Traktoren vor den Bauernhöfen erinnern heute noch an die fünfziger Jahre.

Hinter Mundingen nimmt die Straße in einer Kehre den letzten Höhenzug der Schwäbischen Alb, durchmißt Wälder und Äcker und gibt schließlich einen weiten Blick hinunter in das Donautal frei, bei dem man unweigerlich das Reisetempo verlangsamt: Das muß es sein, Oberschwaben, das gelobte Land des Barock.

Das warme Licht der Morgensonne beleuchtet eine leicht hügelige, sich abwechslungsreich in Wiesen und Wäldern erstreckende Landschaft. Nahe gelegene Wälder sind noch in Nebel gehüllt, der dem Lauf der von hier oben unsichtbaren Donau folgt.

Nach Süden hin bekunden drei wirkungsvoll in die Landschaft gebettete Gotteshäuser, daß an dieser Stelle das Barockland beginnt: die kleine Dorfkirche von Neuburg, die aus den Wäldern herausragenden Doppeltürme der Obermarchtaler Klosterkirche und – weit entfernt im Hintergrund – die Bergkirche des Bussens, die ein-

Ewiger Kindertraum: ein blaues, großes Cabrio, gut 40 Jahre alt.

Sommerfrische der Zwiefaltener Äbte: Schloß Mochental.

zige, gerade mal 767 Meter hohe Erhebung zwischen Ulm und Ravensburg.

Höchste Zeit, das Dach des BMW zu öffnen. Die Pferde, Katzen und der Pfau auf dem Hof von Schloß Mochental wundern sich über das jaulende Geräusch und das gemächlich über den Kopf des Fahrers hinwegschwebende Verdeck. Da staunt auch der abgebrühteste Bernhardiner-

Die Toreinfahrt zum Schloß Mochental.

Dorothea Schrade lebt und malt auf Schloß Mochental.

Wachhund, daß sich ein 41 Jahre altes Cabriodach elektrisch öffnet.

Der BMW 503, dessen schnörkellose Karosserie Albrecht Graf Goertz zeichnete, besaß als erstes deutsches Serienauto ein elektrisches Verdeck, das gut zu den elektrischen Fensterhebern, der Lenkradschaltung und dem V8-Motor paßt. Amerikanisches Flair umgibt das rare Nachkriegsstück, barocker Technik-Pomp in einer damals kargen Zeit.

Verhaltener Pomp kennzeichnet auch das Mochentaler Schloß, das in den Gutshof integriert ist. Durch eine

Cabriolust: der knirschende Kiesweg im Obermarchtaler Klosterhof.

Prachtraum als Kultstätte des menschlichen Geistes: die Kloster-Bibliothek in Bad Schussenried.

Toreinfahrt erreicht man den Innenhof, wo ein plätschernder Brunnen, geparkte Traktoren und Anhänger sowie freilaufende Tiere alles andere als einen musealen Eindruck erwecken.

Einst diente das Zweiflügel-Schloß den Äbten von Zwiefalten als Sommer- und Jagdsitz. Heute beherbergt das stattliche Gebäude mit den knarzenden Holztreppen und glänzenden Steinplatten-Fluren eine Galerie für moderne Kunst. Die Exponate bilden einen aufregenden Kontrast zu Stuckdecken und

Fassaden-Malerei am Klostertor in Rot an der Rot.

Barockvogel: der Pfau von Schloß Mochental.

Prunktüren. Ewald und Dorothea Schrade leiten die ländliche Galerie.

Wahrzeichen der Barockstraße: kleiner Engel.

Die Hausherrin malt selbst, besitzt viele Tiere und einen 15 Jahre alten Porsche 911. »Ein praktischer und robuster Wagen«, lobt die Malerin den Sportwagen. Wegen der geringen Bodenfreiheit könne ihr alter Neufundländer-Hund bequem ein- und aussteigen. Und ein weiterer Porsche-Pluspunkt: »Mit dem Heckmotor bleibe ich auf der Wiese nicht so schnell stecken, wenn ich meinen Schafen das Futter bringe«, sagt Dorothea Schrade.

Auch der BMW 503 kommt mit dezentem V8-Brummen gut voran, schwimmt ein kurzes Stück auf der vielbefahrenen B 311 behende mit, um dann wieder ein stattliches Torhaus zu durchfahren, das den Weg zum Kloster Obermarchtal öffnet.

Neben dem frühbarocken, von Braun- und Goldtönen dominierten Kirchenraum wartet Obermarchtal mit einer weiteren Attraktion auf: dem mit Spiegeln und duftigem Stuck dekorierten Refektorium, dem Speisesaal der einstigen Prämonstratenser-Mönche. Giuseppe Ignatio Appiani schuf die zarten, wie hingehaucht wirkenden Fresken, deren Figuren beinahe schon impressionistische Züge aufweisen.

Appianis appetitlicher Speisesaal ist ein Vorgeschmack auf das Zwiefaltener Münster, das der blaue BMW über kurvige Nebensträßchen erreicht. Nach Rechtenstein, dessen kleine Barock-Kirche auf einem Felsen über der Donau thront, folgen die Dörfer Emeringen und Zwiefaltendorf. Ein Zwiebelturmpaar kündigt von weitem das Zwiefaltener Kloster an.

Im Innenraum des Münsters sprengen Architektur, Malerei und Bildhauerei ihre Grenzen – auch bisweilen die des guten Geschmacks – und gehen nahtlos ineinander über. Das Kirchendach wirkt wie aufgesprengt. Der Betrachter blickt auf rotierende Wolken- und Heiligentornados einer Himmelfahrts-

Flußidyll bei der Wimsener Höhle.

Fundstück: verwittertes Barock-Fresko auf Giebelwand.

szene. Den Bildrand zieren perspektivisch gemalte Architekturelemente und Menschenansammlungen.

Als letzte Steigerung der Rokoko-Orgie ranken realistisch ausgeformte und bunt bemalte Pflanzen und Blumen um die weißen und goldenen Stuckornamente. Architektur und Kunst verneinen sich selbst im Stadium ihrer höchsten Entwicklung, schaffen realistische Plagiate und geben Rousseau recht: zurück zur Natur.

Zurück zum blauen, im Vergleich zum Zwiefaltener Rokoko doch schlichten BMW, dessen Heizungskessel-Armaturen – Ziehknöpfe und Rundinstrumente auf

Das noble BMW-Cabrio orientierte sich bei der luxuriösen Ausstattung an US-Vorbilder.

blauem Blech – das Auge genauso erfrischen wie der Wind den Fahrer.

Über das Donaustädtchen Riedlingen mit seinen schmalen Gassen und hochgiebeligen Häusern führt die Reise nach Bad Schussenried. Das Prunkstück der einstigen Prämonstratenserabtei ist die Bibliothek. Sie wirkt mit

Münchner Freiheit: BMW 503
Parallel zum legendären 507 Roadster bot BMW von 1956 bis 1959 den komfortableren und deutlich größeren 503 als Coupé und Cabrio an. Beide Modelle besaßen den identischen, 3,2 Liter großen V8-Motor, der im 503 kernige 140 PS bei 4800/min leistete. Damit erreichte das 1500 Kilogramm schwere Cabrio eine Spitze von 190 km/h. Es wurden 273 Coupés und 139 Cabrios hergestellt. Der Preis für das 503 Cabrio betrug 1956 stolze 29 500 Mark.

ihren hellblauen Schränken – die Bücher sind nur aufgemalt – und weißen Skulpturen so erfrischend wie ein Mentholbonbon.

Man sollte sich Zeit nehmen, um mit Hilfe des angebotenen Leitfadens alle Bildinhalte und Figuren zu entschlüsseln. Der barocke Comic strip erzählt in oft abenteuerlichen Mythen, Allegorien und Anekdoten die

Cabriofahrer sind immer nett zu Tieren.

Geisteshistorie des Abendlandes bis zur Mitte des 18. Jahrhunderts: Kirchengeschichte, Weltgeschichte, die vier Künste, die vier Elemente, die acht Wissenschaften...

Und man begegnet in den Fresken neben dem Kloster-Faktotum Pater Kaspar Mohr, der mit Kutte und Sandalen in seinem hölzernen Flugapparat hängt, auch Abt Nikolaus Wierith von Obermarchtal. Das Deckengemälde zeigt Nikolaus' Audienz am Versailler Hof Ludwigs XIV. im Jahr 1686, ein gesellschaftliches Großereignis, von dessen Glanz die Region jahrelang zehrte.

Hier konnte der Abt von Obermarchtal auch die neuesten Barock-Trends auskundschaften. Der Chronist Sebastian Sailer berichtet: »Ludwig ließ Nikolaen durch seine Lustschlösser und Gärten in einem Tragsessel herumführen und die außerordentlichen Dinge seines Hoflagers zeigen.«

Frankreich und Italien lieferten demnach die künstlerischen Vorbilder. Doch das Geld für die Klosterbauten stammte von den fleißigen schwäbischen Bauern und ihrem fruchtbaren Land. Außerdem waren die meisten Klöster reichsfreie Territorien und glichen damit Kleinstaaten, die sich mit den entsprechenden Zoll-, Wege-, Fisch- und Jagdrechten weitere Einkünfte sicherten.

Schließlich litten viele Klosterbauten noch unter den Folgen des Dreißigjährigen Krieges. Und wenn der Schwabe eine Arbeit anfängt, dann macht er sie auch »gscheit«, will heißen perfekt und zeitgemäß.

So entstand auch die Wallfahrtskirche Steinhausen, deren Kirchenschiff die umliegenden Bauernhäuser um das Dreifache überragt: ein stolzer Schwan, umringt von Enten. Sie sei, so heißt es, die schönste Dorfkirche der Welt.

Zwischenstopp in Biberach. So langsam wird klar, daß mehr als zwei Klöster pro Tag kaum zu schaffen sind. Das Genick beginnt schon zu schmerzen, nicht als Folge des Fahrtwindes, sondern vom Blick hinauf in die barocke Bilderwelt.

In einem Gasthaus werden Pläne für morgen geschmiedet: die Klöster Ochsenhausen und Rot an der Rot? Oder einfach nur in Richtung Federsee über die Dörfer bummeln und sich von den Zwiebeltürmen und deren Geläut leiten lassen? Rainer Maria Rilke war damit zufrieden: »Die Dörfer sind wie ein Garten. In Türmen von seltsamen Arten klingen die Glocken wie weh.«

Franz-Peter Hudek

Am Wegesrand blüht roter Mohn.

>>>

Mehr als nur Kartoffelsalat: Reisetips für Oberschwaben

Die **Anreise** in die Region Oberschwaben erfolgt am besten über die Autobahn A 7. Zur Wahl stehen die Autobahnausfahrten Hittistetten oder Berkheim, um Ehingen beziehungsweise Biberach anzusteuern.

Ansprechende **Übernachtungen** bieten das Hotel Adler in Ehingen (Doppelzimmer ab 120 Mark), das Gasthaus zum Hirsch in Kirchen nahe Schloß Mochental (Doppelzimmer ab 100 Mark) und das Hotel Brücke in Riedlingen (Doppelzimmer ab 140 Mark). Besonders zu empfehlen: das neue Hotel Kapuzinerhof (Best Western) in Biberach (Doppelzimmer mit Frühstücksbuffet ab 170 Mark).
Infos unter Tel. 07531/90940.

Die schwäbische **Küche** huldigt einfachen, aber schmackhaften Gerichten wie Saure Kutteln, Hirnsuppe, Kässpätzle oder Maultaschen, fast immer serviert mit dem landestypischen Kartoffelsalat.
Zu empfehlen: Gasthaus Adler in Ehingen (niveauvolle, preisgünstige Menüs), Brauereigasthaus Rößle in Zwiefaltendorf (mit altem Felsenkeller), das zünftige Haberhäusle in Biberach mit Gartenwirtschaft.

Zu den wichtigsten **Sehenswürdigkeiten** in Oberschwaben, dem Land zwischen Donau, Iller und Bodensee, zählen die Baudenkmäler entlang der Oberschwäbischen Barockstraße. Hier konnte nur deren nördlicher Teil vorgestellt werden. Die Barockstraße dehnt sich noch weiter aus bis nach Konstanz, St. Gallen und Kempten. Es gibt auch Alternativen zum Barock: Der von Schilf umschlossene, auf Holzstegen erreichbare Federsee bei Bad Buchau ist ein Naturreservat und wichtige ar-

chäologische Fundstätte. Bei Zwiefalten lädt die Wimsener Höhle zu einem Besuch auf dem Holzkahn ein.
In Wolfegg wartet das gut bestückte Automuseum von Fritz B. Busch mit seinen Schätzen auf.
Info-Tel. Schloß Mochental: 07375/418.
In vielen Barocksälen und -Kirchen finden **Konzerte** statt: in Zwiefalten, Bad Schussenried, Weingarten oder Schloß Wolfegg. Die Städte Ravensburg, Memmingen und Biberach bieten ein breites Kulturprogramm zwischen Cabaret und Kammermusik. Internationalen Ruf genießen die Biberacher Filmfestspiele.

Gute **Reiseführer** zur Planung und vor Ort: HB-Bildatlas Nr. 70 (14,80 Mark), Marco Polo-Reiseführer Oberschwaben (9,80 Mark). In allen wichtigen Barock-Bauten sind Broschüren mit Beschreibungen erhältlich (drei bis fünf Mark). Detailliert und informationsreich sind die Allianz-Freizeitkarten Nr. 33 und 34 (Mairs, 9,80 Mark) sowie Freizeitkarte Bodensee und Oberschwäbisches Barockland (RV-Verlag, 9,80 Mark).

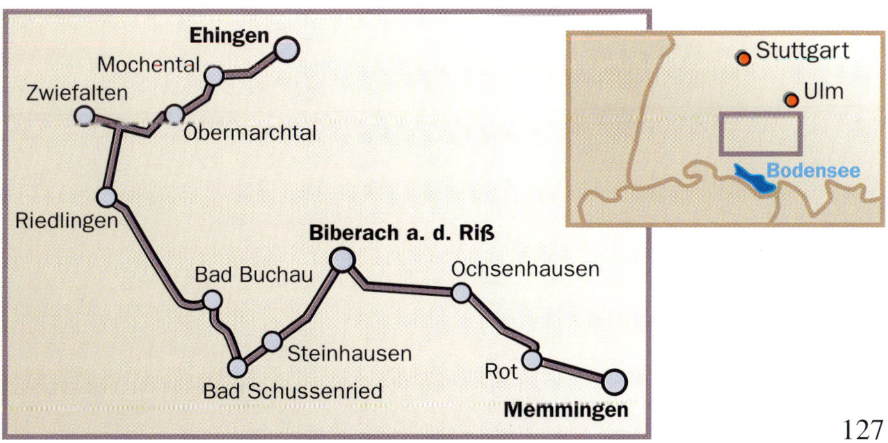

Mit Prinz Leopold von Bayern zu den Bayerischen Königsschlössern im BMW M1

Prinz Leopold von Bayern, Rennfahrer und Botschafter für weiß-blaue Lebensart, reist im BMW M1 von Schloß Linderhof nach Neuschwanstein.

BAYERISCHE KÖNIGSSCHLÖSSER

Bayerische Kulturgüter: Schloß Neuschwanstein und Mittelmotor-Klassiker BMW M1

Der bayerische Prinz und sein ebenso aus dem Hochadel stammendes Reise-Automobil BMW M1 werden morgen früh in Schloß Linderhof eintreffen. Zeit genug, um sich das kleinste und verspielteste Traumprojekt von König Ludwig II. einmal genauer anzuschauen.

Ein königliches Gefühl stellt sich für Linderhof-Besucher meist nur am

Der Eilprinz: Rennfahrer von Bayern freut sich auf die Ausfahrt im BMW M1.

Abend ein, lange nachdem der letzte Touristenbus den weiträumigen Parkplatz verlassen hat. Das mit neobarockem Prunk ausgestattete Schloß hat dann seine Tore wieder verschlossen, Kieswege und Steintreppen im Schloßpark sind verwaist.

Die Abendsonne strahlt glutrot durch die Felszacken der umliegenden Berggipfel, durchwandert als roter Lichtschein den Park, beleuchtet Skulpturen, Blumenrabatten, alte Bäume und läßt noch einmal den goldenen maurischen Kiosk wie ein aus Nordafrika herbeigezaubertes Trugbild erstrahlen. Ferne Wasserfälle rauschen, Vögel singen.

Genauso einsam genoß Bayern-König Ludwig II seine aus Stein erbauten Traumwelten, wenn er sich etwa von Schloß Linderhof auf den Weg zur im Park gelegenen Hunding-Hütte machte. Dort, in einem altgermanischen Holzhaus, erholte sich der Monarch zusammen mit krachledernen Stallburschen vom Pomp seiner schwülen Vestibüle und Kabinette, in die er sich vor seinen Aufgaben als Staatsmann flüchtete.

Der Springbrunnen von Schloß Linderhof bringt Abkühlung an heißen Tagen.

Der »Kini«, wie ihn die Bayern nennen, war im tiefsten Grunde seines Herzens ein Softie. Er haßte die Maximen der Macht und sagte daher einmal: »Wer etwas sein will, muß roh, grob, phlegmatisch sein; wer von anderer Art ist, den heißen Freund und Feind exzentrisch.«

Prinz Leopold, der am Morgen auf Schloß Linderhof eintrifft, ist allerdings weder das eine noch das andere. Der 56jährige Fami-

Hohenschwangau war das Jagdschloß von Ludwigs Vater, König Maximilian II.

lienvater absolvierte gerade die Mille Miglia für Historische Fahrzeuge im BMW 328: »Das war hervorragend, hat wirklich Spaß gemacht, vor allem durch die begeisterten Zuschauer entlang der Strecke.«

Nach der Schlösser-Tour wird der Jankerträger wieder in eine europäische Metropole düsen: Der BMW-Repräsentant eröffnet dann ein neues Autohaus oder besucht eine Opernpremiere. Man glaubt dem umtriebigen Prinzen kaum, daß er ein direkter Nachfahre des überaus menschenscheuen Bayern-Königs Ludwig – sein Ur-Ur-Ur-Großonkel – ist.

Prinz Leopolds Interesse für Schloß Linderhof wirkt leicht unterkühlt: »Mir gefallen die Einsamkeit und der noch überschaubare Prunk natürlich auch ganz gut, aber vielleicht war ich schon zu oft hier, um noch so etwas wie Faszination zu verspüren.« Als wichtiger Industrie-Repräsentant und Mitglied des Wittelsbacher-Familienclans führt er mehrmals im Jahr prominente Gäste durch Schloß und Park. Und dann wartet ja noch dieser rote BMW M1 auf ihn.

Die etwa eineinhalb Stunden dauernde Reise nach

Steinskulptur im Schloßpark von Linderhof, der für Besucher frei zugänglich ist.

Neuschwanstein beginnt, Prinz von Bayern biegt auf die Straße nach Reutte ab. Die Augen hinter seiner Sonnenbrille leuchten, die Hände greifen liebevoll prüfend nach Schaltern und Hebeln. Er fühlt sich wohl im schlichten, mit schwarzem Leder ausgeschlagenen Cockpit des Mittelmotor-BMW.

Als Rennfahrer konnte der Prinz mit dem M1 bereits einschlägige Erfahrungen sammeln. Er erzählt während der Reise: »Ich fuhr vor etwa 20 Jahren die Sportversion des M1 mit über 450 PS starkem Motor. Die war im Regen so giftig, daß ich oft mehr im Gras als auf der Piste unterwegs war.« Rennfahrer-Kollege Hans-Joachim Stuck verlieh ihm daraufhin den Ehrentitel Prinz Drehopold.

Auf öffentlichen Straßen gibt es keine derartigen Malheurs. Prinz von Bayern, der erst vor kurzem seine Laufbahn als Tourenwagen-Rennpilot beendete, steuert den M1 gelassen und konzentriert. Leider sind auf der schmalen Straße zum Plansee nur kurze Sprints von Kurve zur Kurve möglich. Der Fahrer strahlt trotzdem: »Der M1

Im Schloß Hohenschwangau verbrachte Prinz Leopold glückliche Kindheits-Jahre.

Der Devotionalien- und Souvenierhandel kennt keine Gnade...

ist immer noch ein erstaunlich flinkes Auto mit herrlichem Sechszylinder Sound.«

Kein Wunder, sollte doch der von 1978 bis 1981 bei Baur in Stuttgart gebaute BMW-Sportwagen eine echte Alternative zu Ferrari, Porsche und Co darstellen. Dem gerade mal 277 PS starken und 1,3 Tonnen schweren Renner mit Gitterrohrrahmen fehlten hierzu jedoch etwas Power und auch Großserienqualität. Die letzten der insgesamt 450 gebauten Exemplare ließen sich trotz einer Preissenkung unter 100 000 Mark nur mühsam verkaufen.

Jetzt schlängelt sich die Alpenstraße am Ufer des smaragdgrünen Plansees entlang, der an das Ende von Ludwig II. im Starnberger See gemahnt. Am Abend des 13. Juni 1886 ertrank der 1845 geborene König zusammen mit Obermedizinalrat Bernhard von Gudden am Seeufer. Guddens Gutachten über den Geisteszustand Ludwigs II. bewirkte dessen Absetzung und Internierung auf Schloß Berg. War es Selbstmord, oder wollte der gedemütigte König, der als guter Schwimmer galt, über den See fliehen? Kampfspuren am Seeufer lassen bis heute beide Versionen zu.

Auch Leopold von Bayern, der jetzt den M1 entlang des Lech an Füssens Schloßtürmen und Stadtmauern vorbei in Richtung Schwangau steuert, weiß hierauf keine Antwort. »Fest steht nur«, erklärt der Prinz, »daß Ludwigs früher und mysteriöser Tod seine heutige Popularität stark gefördert hat.«

Das Schloß Neuschwanstein wird mühelos erreicht; es ist auch kaum zu verfehlen. Zum einen durch die exponierte Lage auf einem vor dem Alpsee gelegenen Bergrücken und zum anderen durch die Parkwächter, die den Auto- und Busstrom auf die verschiedenen Parkplätze verteilen.

Der erste Eindruck vom Neuschwanstein-Basislager ist ernüchternd. Vor allem freundlich lächelnde Japaner bevölkern das turbulente Alpenszenario der Souvenirläden, Biergärten, Hotels und stoisch zum Schloß hinauf- und hinabrollenden Pferdedroschken.

Das Kulturprogramm der aus Fernost zum Schloß Neuschwanstein herbeigereisten Europa-Bummler scheint extrem eng zu sein. Im Biergarten reicht die Zeit nur für ein bitteres Steh-Tonic. Der wortlose Fingerzeig des japani-

...und bedient neben König Ludwig- auch Richard Wagner-Fans.

schen Gastes auf seine Armbanduhr bekundet dem Kellner, daß er sich sputen solle. Schließlich wartet eines der meistbesuchten Baudenkmäler Europas auf seine geduldigen Fans. Bis zu zwei Stunden Wartezeit müssen die Schloßbesucher bisweilen in Kauf nehmen und sie im Schloßhof zwischen eisernen Spalierstangen erleiden. Das erinnert genauso wie der Baustil jener pseudoromanischen

Grüße von Schloß Linderhof: Die treuesten Ludwig- und Leopold-Fans kommen aus Japan.

Ritterburg stark an Disneyland.

Am besten wirkt Neuschwanstein am Abend, wenn man mit einem Weißbier im Garten des Schloßhotels Lisl sitzt und die plötzliche Ruhe

Prinz Leopold kennt die Sonnenseiten des Lebens.

und Kühle im Tal der Könige genießt. Bei Nacht sind beide Schlösser, das ferne Neuschwanstein und das vor dem Hotel liegende Hohenschwangau, angestrahlt.

Hohenschwangau, das Jagdschloß von Ludwigs Vater

Maximilian, wirkt übrigens durch seine geradezu wohnliche Historismus-Einrichtung weitaus anziehender als das vom wohltemperierten Verstand kaum noch zu erfassende Prunkinterieur Neuschwansteins. König Maximilian baute noch etwas bescheidener als sein Junior.

Prinz Leopold, der nach dem Krieg auf Hohenschwangau einige Zeit lebte – jedoch nur im Bedienstetentrakt –, fühlt sich im alten Schloß gleichfalls recht wohl. »Das

Die Uferstraße des Plansees macht mit ihren geschwungenen Kurven das Fahren zum Vergnügen.

hängt auch mit meinen Jugenderinnerungen zusammen«, erklärt der Prinz, »wie ich auf dem großen Spieltisch Billard spielen durfte oder riesige Hechte aus dem Alpsee holte.« Und es gibt noch einen weiteren Sympathie-

Supersportwagen aus Bayern: BMW M1

Der bayerische Traum von einem weißblauen Ferrari währte nicht lange. Ein wenig prestigeträchtiger Sechszylindermotor und die unbefriedigende Verabeitungsqualität des M1 führten dazu, daß das Mittelmotor-Coupé nur von 1978 bis 1981 zum Verkauf kam. Der Reihen-Sechszylinder mit 3,5 Liter Hubraum leistete 277 PS und beschleunigte den 1300 Kilogramm leichten und nur 1,14 Meter hohen Sportwagen auf eine Höchstgeschwindigkeit von 262 km/h. Der Preis lag damals bei etwa 100 000 Mark. Gut erhaltene M1-Exemplare sind heute das Doppelte wert.

punkt für Schloß Hohenschwangau: Der termingeplagte Rennfahrer und Vorzeige-Prinz durfte den roten M1 direkt vor dem Schloßeingang parken.

Franz-Peter Hudek

>>>

Kingsize: Tips für königliche Allgäutouren

Die **Anreise** in das östliche Allgäu zu den Königsschlössern erfolgt am schnellsten über die Autobahn A 7 Ulm–Memmingen–Kempten, dann über die Landstraße bis Füssen. Nach Schloß Linderhof gelangt man über die A 95 von München kommend, dann weiter in Richtung Ettal.

Das am Forggensee gelegene Schwangau bietet zahlreiche **Hotels** und Gasthäuser in nahezu allen Preisklassen (Tel. 08362/81980). Stilvolles Übernachten ermöglicht auch das direkt beim Schloß Hohenschwangau gelegene ehemalige königliche Gästehaus »Jägerhaus« mit gepflegten Zimmern und luxuriösen Suiten von 180 Mark (Doppelzimmer) bis 470 Mark (Tel. 08362/8870).
Ebenso bietet das einstige Ludwig-Gästehaus »Schloßhotel Linderhof« hübsch eingerichtete Zimmer unmittelbar beim Schloß zu Preisen ab 140 Mark (Doppelzimmer, Tel. 08822/790).

Bayern-Urlauber mit Sinn für **kulinarische Genüsse** sollten sich den Produkten der Braukunst widmen. Das Burghotel auf dem Falkenstein (mit Aussichtsterrasse) mutet seinen Gästen etwa die Geißenmaß zu: dunkles Bier, Cola, dazu wahlweise Kirschlikör oder Cognac. Oder: im Barockkloster Ettal (bei Schloß Linderhof) die Produkte der Klosterbrauerei verkosten.

Zu den wichtigsten **Sehenswürdigkeiten** neben den Königsschlössern zählt die Stadt Füssen mit dem Hohen Schloß und dem Barockkloster St. Mang, das eine frühromanische Krypta aus dem 9. Jahrhundert vorweisen kann. Ebenso sind Kloster Ettal und Oberammergau (östlich von Schloß Linderhof) lohnende Ziele für Barock-Fans. Ettals kuppelgekrönte Klosterkirche besitzt den

Grundriß einer Acht. Oberammergau glänzt dagegen mit launiger Lüftlmalerei aus dem 18. Jahrhundert: Raumillusionistische Fassadenmalerei an Bürgerhäusern täuscht nicht vorhandene Architektur und Personen vor.
Ein weiterer Höhepunkt für König Ludwig-Fans ist der Besuch der Burgruine Falkenstein (von Pfronten aus, ab 18 Uhr Zufahrt mit dem Auto gestattet).
Ludwig II. wollte Deutschlands höchstgelegene Burgruine (1277 Meter) zum Traumschloß umbauen lassen. Umfangreiche Pläne und Skizzen lagen bereits vor.

Die Umgebung der Königsschlösser bietet zahlreiche Möglichkeiten für **Freizeitsport**. Der bei Neuschwanstein gelegene und mit der Seilbahn erschlossene Tegelberg ist Startplatz für ausgedehnte Drachenflüge. Der Forggensee eignet sich für alle nicht motorisierten Wassersportarten wie Segeln, Surfen, Paddeln und Rudern (Verleih vor Ort). Geübten Wanderern eröffnen sich eindrückliche Ausblicke auf Schlösser und Landschaft.

Die bereisten Königsschlösser liegen im südlichen Allgäu, dazu folgende **Reiseführer:** Marco Polo (Mairs, 12,80 Mark), Polyglott (12,80 Mark), Falk Reisen 17 (16,80 Mark), Generalkarte Nr. 25 (Marco Polo/Mairs, 9,80 Mark).

Motorrad-Tour rund um Berlin

Berliner Streifzüge fördern auch auf Nebenwegen stets Denkwürdiges zutage. Ein gutes Wort vom Alten Fritz etwa, eine märkische Mumie oder Düsenriesen auf den Wiesen. Die ideale Begleiterin: eine BMW aus Berlin-Spandau.

Werder, steinalt: Gepflastert wurde erstmals 1736.

BERLIN
125/26
17/18
Berliner
Kindl

Berlin, rufen die Schlagzeilen, steckt mal wieder in seiner angestammten Position, nämlich in der Klemme. Ossis und Wessis bezichtigen sich unterm Brandenburger Tor gegenseitig der jeweils jüngeren Geschichte und nehmen dabei auch schon mal die drohende Haltung der steinernen Krieger am Schloß Charlottenburg ein; zugewanderte Dunkelmänner streiten mit den eingeborenen Spitzbuben um die Vorherrschaft im Milieu, und die neue Kaste zugereister Regierungsbeamter probt schon mal mit nordrhein-westfälischer Gründlichkeit die anstehende Hausbesetzung im Reichstag.

Über allem auch noch der komplizierte Versuch, die auf ihre Selbständigkeit stets so stolze märkische Metropole nun dem Land Brandenburg anzuvertrauen. Kein Wunder, daß Berlin derzeit ein bißchen die Nase läuft. Aber die 762jährige kümmert sich zum Glück nicht um die Zeitungen, sondern breitet schon wieder die Arme aus und lockt mit ihren alten Attraktionen, die ja fast ein halbes Jahrhundert lang aus dem westlichen Blickfeld verschwunden schienen.

Zwischen Spree und Havel, Panke und Dosse, Rhin und Sophienfließ liegen wie versteinerte Erinnerungen nicht eben wenige Monumente deutscher Geschichte. Und zwischen den Monumenten liegen jene Geschichten, die auf ihre Wiederentdeckung warten – weil sie brauchbare Antworten bieten auf die stets aktuelle Berliner Frage: Und wat nu?

Die eigentliche kulturelle und politische Botschaft der Stadt und ihres Hinterlands findet sich dabei oft erst hinter dem neongerahmten Horizont der City. Zum Beispiel in Potsdam, zu Füßen der Satyrn, die mit den Mauern von Sanssouci auch die Erinnerungen an den Preußenkönig Friedrich II., den Alten Fritz, zusammenhalten.

Leicht bekleidete griechische Gottheiten am Neuen Palais in Potsdam.

Berliner Erleuchtungen: Schloß Charlottenburg von 1695 und BMW-Motorrad von 1998.

Der wißbegierige Neuentdecker preußischer Historie darf sich auf dem Weg dorthin getrost der Technik statt den am Ort ohnehin noch genug geforderten eigenen Füßen überlassen: Auch der berühmteste Touristenführer der Mark Brandenburg, Theodor Fontane, rückte überwiegend in der Kutsche zu seinen »Wanderungen« aus.

Es klingt fast nach feiner Ironie, daß die preußischste aller Möglichkeiten, in und um Berlin zu reisen, bayerischer Herkunft ist: Am Fuße des bis auf die Römerzeit zurückgehenden Juliusturms, neben der nie umkämpften Spandauer Zitadelle, bauen die Bayerischen Motoren Werke ihre Motorräder.

Die Wahl fiel für diesmal auf eine BMW R 1100 R, deren Zweizylinder-Boxermotor prinzipiell im Jahr 1923 wurzelt, mithin als sehr historisch gelten darf und damit elegant zu Preußens Glorie überleiten kann.

Ein Bayer aus Berlin: BMW 1100 R
Das eigenwillig gestylte BMW-Motorrad mit klassischem Boxermotor und Kardanantrieb ist ein robustes Multitalent, das sowohl in der Stadt wie auch bei Ausflügen über Land gleichermaßen überzeugen kann. Der 80 PS starke Motor hat mit dem 246 Kilogramm schweren Zweirad leichtes Spiel: Beschleunigung 0–100 km/h in 3,8 Sekunden, Höchstgeschwindigkeit 200 km/h. Die BMW R 1100 R kostet 18 830 Mark.

Außerdem hat BMW mit der Kombination aus Schwing- und Telegabel, genannt Tele-Lever, eine Vorderradführung entwickelt, deren Schluck- und Spurhaltevermögen es mit den tiefsten Schlaglöchern auf den oft noch abenteuerlichen Überland-Pfaden der neuen Bundesländer aufzunehmen vermag. Auch das ABS erweist sich als Segen, besonders wenn das 80 PS-Kraftrad etwa auf dem regennassen Katzenkopfpflaster der gemeinen brabdenburgischen Dorfstraße plötzlich abgebremst sein will.

Trefflich läßt es sich damit in Sanssouci vorfahren, um dann die weinstocküberrankten Terrassen zum alten Schloß empor zu steigen und ein wenig über den Bauherrn und die politische Architektur seiner Zeit nachzudenken. Ein Ort ohne Sorgen, in der Sprache des hofes sans souci, sollte es werden: dabei zählte der Alte Fritz beileibe nicht zu denen, die Gefahr liefen, sich unversehens zu Tode zu amüsieren. Mit dem militärischen Erfolg des Siebenjährigen Krieges etablierte er Preußen als europäische Großmacht, und um zu zeigen, daß die Staatskasse danach noch lange nicht pleite war, setzte er in den Park von Sansouci protzig das Neue Palais.

Danach litt Preußen Hunger, den der König mit dem Einführen der Kartoffel als Volksnahrungsmittel zu stil-

 Der Jet ist ein Lilienthal-Denkmal.

len trachtete; doch die unwissenden Märker verzehrten nicht die gekochte Knolle, sondern die rohen, giftigen Früchte des Nachtschattens, und nicht wenige bezahlten dieses kulturelle Mißverständnis mit dem Leben. Die daraus resultierende Kartoffel-Abneigung redete der König den Bauern bei der Feldinspektion zu Pferde gern höchstpersönlich aus – nicht selten mit der Reitpeitsche.

Die Blüte Preußens war aber nicht nur Resultat der harten Hand seiner Könige, sondern auch der Integration ganz unterschiedlicher Kulturen. Im Kanalbau kundige Holländer hatten die morastigen Wiesen entwässert und die Windmühlen gebaut, mit denen das knappe märkische Korn gemahlen wurde, um die hungrigen Münder Preußens zu stopfen. Dazu gesellten sich französische Intelligenz und Etikette hogenottischer Asylbewerber, die seit den Tagen des Sonnenkönigs in Frankreich nicht mehr gelitten waren.

Berliner Luft: Über blühenden Bäumen zieht ein bedrohliches Gewitter auf.

In Preußen, versprach der Alte Fritz, könne ein jeder

nach seiner Façon selig werden. Als in Berlin auf die friederizianischen Ideale von Toleranz und Anstand am lautesten gepfiffen wurde, erlebte die Stadt ihre dunkelsten Stunden.

Nach soviel preußischem Ernst darf sich der Berlin-Tourist auf der weiteren Fahrt nun ganz der Gemütlichkeit brandenburgischer Gasthöfe, der alleendurchwobenen, malerischen Schönheit des

Im Havelland der Ribbecks: Das Licht tüncht die Idylle der märkischen Landhäuser jeden Abend neu.

Havellandes und dem Nervenkitzel seiner Kuriositäten überlassen.

Wenn die Zeit es zuläßt, empfiehlt es sich, den Berliner Autobahnring schon bei Potsdam zu verlassen und

Wahl-Berliner: Mönch im Buddha-Tempel zu Frohnau.

über jene Chausseen zu reisen, die schon Fontane auf Exkursion trugen. Ein Abstecher auf die alte Wendeninsel Werder etwa scheint unmittelbar in eine Zeit zu führen, als die Werderaner ihre Kinder des Abends noch mit der Kanne zum Bierholen in die Kneipe an der Ecke schickten.

Über Ketzin, Nauen und Frisack geht es nach Stölln, einem zunächst unscheinbaren Ort, der jedoch eine Überraschung bereit hält: Hinter den Bauernhäusern parkt eine vierstrahlige Iljuschin 62, die als Standesamt dient. Zwei speziell ausgebildete Piloten landeten den einstigen Aeroflot-Jet zum Gedenken an Otto Lilienthal in einer halsbrecherischen Aktion genau auf dem Acker, der dem Flugzeugerfinder beim Absturz nach mißglücktem Gleitversuch 1896 das Rückfrat brach.

Kaum 20 Kilometer entfernt, in Kampehl nahe Neustadt an der Dosse, kommt seit 1702 Christian Friedrich von Kahlebutz nicht zur Ruhe. Der rüstige Ritter, dem elf eheliche und mehr als 30 uneheliche Kinder nachgesagt werden, soll einst den Schäfer Pickert erschlagen haben, da dessen Braut ihm das Recht der ersten Nacht verweigerte.

Kahlebutz beschwor vor Gericht seine Unschuld – andernfalls möge er nach seinem Tode niemals verwesen. Als 1794 sein Sarg in der Krypta der Dorfkirche geöffnet wurde, lag er zwar eingetrocknet, aber unverwest als märkische Mumie auf dem Leintuch.

Der schauerliche Moder seiner Gruft verfliegt erst in der von Störchen durchstakten Idylle des Linumer Bruchs, das über die Autobahn-Abfahrt Kremmen erreicht wird und mit seinen unzähligen Kanälen an die sumpfigen Ursprünge des Havellands erinnert. Dann weiter nach Osten, auf der Bundesstraße 273 etwa über Oranienburg und die alte Honecker-Residenz Wandlitz bis nach Bernau.

Von dort geht es über Weneuchen und straußberg zur Perle des Naturparks Märkische Schweiz, dem Dorfe Buckow, das schön gelegen ist, aber schon Fontane das Gruseln lehrte: In einer einzigen Nacht, berichtet die Sage, sei der Berg mit

Zahllose Alleen sind das sympathische Erbe der einstigen DDR.

dem Dorf Alt-Buckow im Schermützelsee versunken. Zu Fontanes Zeiten habe man noch tief unter dem Spiegel des Sees das alte Pfahlwerk erspähen können.

Zurück in Berlin, muß sich der neugierige Tourist auch noch streng vor dem Versumpfen hüten: In der alten, neuen Hauptstadt gibt es nicht weniger als 7000 Kneipen.

Malte Jürgens

Die Gaststätte »Zum ersten Flieger« in Stölln ist ein gemütlicher Biker-Treff.

<<<

Hinterm Ku-Damm geht's noch weiter: Tips für Berlin-Entdecker

Die **Anfahrt** nach Berlin kann kaum schiefgehen: Sechs Autobahnen führen auf die Stadt zu. Um die häufigen Staus auf dem Berliner Ring präzise umfahren zu können, empfiehlt sich die Deutsche Generalkarte Blatt 33 (Maßstab 1:200 000) fürs Handschuhfach.

Bei der gezielten Suche nach einer maßgeschneiderten **Unterkunft** und dem Fahnden nach den wichtigsten Berlin-Infos hilft zum Beispiel das Fremdenverkehrsamt (Tel. 030/2626031) oder die Berlin-Tourismus-Marketing GmbH (Tel. 030/264748O).

Als **Restaurant** der Spitzenklasse sei den Feinschmekkern unbedingt Rockendorfs Restaurant in Berlin-Waidmannslust, Düsterhauptstr. 1, an den Gaumen gelegt: Inhaber Siegfried Rockendorf kreiert drei- bis neungängige Menüs von 130 bis 225 Mark (Tischreservierung ist unbedingt notwendig, Telefon 030/4023099).

Neben den bekannten **Sehenswürdigkeiten,** die dem Touristen auf jeder Berolina-Stadtrundfahrt vorgeführt werden, bietet Berlin ein schier unerschöpfliches Reservoir interessanter, aber wenig besuchter Kultur-Denkmäler.
So liegt der älteste und größte buddhistische Tempel Europas im Berliner Norden, am Edelhofdamm der Gartenstadt Frohnau.
Herzliche Aufnahme finden die Freunde humanistischer Ideale auch in Tegels Humboldt-Schlößchen – zumindest montags. Dann halten Christina und Ulrich von Heinz, direkte Nachfahren des hier begrabenen Wilhelm von Humboldt gewissermaßen eine humanistische Sprechstunde ab – Führung durchs Haus, Erläuterung der

Familiengeschichte, Blick ins Humboldtsche Arbeitszimmer und Gang durch den herrlichen Park des von Karl Friedrich Schinkel in schlichte, klassische Form gebrachten Schlößchens inbegriffen.

Neben den bekannten Berlin-**Reiseführern** von Baedeker, ADAC und Marco Polo empfehlen sich auch die mehr das Individuelle und Versteckte aufsparende Bände wie Reisehandbuch Berlin (Michael Müller-Verlag, 29,80 Mark) und anders reisen Berlin (Rowohlt 19,90 Mark). Gut für Berlin-Einsteiger und mit Karte: Viva Twin (RV-Verlag, 16,80 Mark). Berlins Umgebung mitsamt Brandenburg ist Thema des Goldstadt-Reiseführers mit Stadtplänen und Routenkarten (29,80 Mark).